Destination ESG

Sur la voie de la durabilité des entreprises

Paulo Ehms

MMXXIV

Pour les demandes d'autorisation et les commentaires, veuillez contacter: pauloehms@hotmail.com

Table

Introduction

Au cœur de l'ère commerciale contemporaine, un concept gagne en force tel un phare guidant les organisations vers un avenir plus durable : ESG, qui englobe les piliers Environnemental, Social et de Gouvernance. Ce livre, intitulé "Destination ESG : Sur la voie de la durabilité des entreprises", plonge profondément dans l'essence de cette approche transformative qui non seulement réoriente les pratiques commerciales, mais redéfinit le but et la responsabilité des entreprises dans le contexte mondial.

Qu'est-ce que l'ESG ?

L'acronyme ESG, en anglais, représente la durabilité environnementale, sociale et de gouvernance d'entreprise (Environmental, Social and Governance) dans les entreprises. L'ESG fait référence à des critères couvrant la manière dont les entreprises gèrent les aspects environnementaux, sociaux et de gouvernance dans leurs opérations. Le volet Environnemental concerne les pratiques durables, l'efficacité énergétique et la responsabilité envers la biodiversité. L'aspect Social aborde les questions de diversité, d'égalité et de justice sociale, tandis que le pilier de la Gouvernance se concentre sur la transparence, l'éthique et la manière dont les entreprises sont gérées.

L'Importance pour les Entreprises de Toute Taille

Indépendamment de leur taille, de leur industrie ou de leur localisation géographique, les entreprises font désormais face à une pression croissante pour intégrer les principes ESG dans leurs modèles commerciaux. La raison en est claire : en plus d'être une réponse morale à la prise de conscience mondiale croissante des questions environnementales et sociales, l'adoption de l'ESG est devenue une nécessité stratégique pour assurer la viabilité à long terme des entreprises.

La durabilité n'est plus seulement un avantage concurrentiel ; c'est désormais un avantage crucial. Les entreprises qui adoptent des pratiques ESG sont perçues comme des leaders conscients, gagnant la préférence des consommateurs de plus en plus attentifs à la responsabilité sociale des entreprises. La durabilité est devenue un avantage concurrentiel qui résonne non seulement avec les valeurs du marché, mais démontre également une résilience commerciale fondamentale.

Les critères ESG favorisent une approche proactive des défis émergents, qu'ils soient environnementaux, sociaux ou de gouvernance. Les entreprises prêtes à relever ces défis font preuve de résilience, se traduisant par une stabilité financière et une réputation solide.

Les investisseurs dirigent également des ressources vers les entreprises qui intègrent des pratiques ESG. Cette tendance reflète non seulement un changement de valeurs sur le marché, mais met également en lumière la capacité de ces entreprises à générer des rendements durables à long terme.

En parcourant les pages de ce livre, nous entreprendrons un voyage à travers le réseau complexe de pratiques et de principes qui composent l'ESG. Nous découvrirons des histoires d'entreprises qui ont transformé leur destin en adoptant une mentalité durable. Ce n'est pas seulement un livre sur les affaires ; c'est un récit sur l'évolution des entreprises qui ont choisi de suivre la voie de la durabilité, reconnaissant que, en le faisant, elles façonnent non seulement leur propre avenir, mais aussi celui de notre planète.

Préparez-vous à explorer les stratégies, les défis et les triomphes des entreprises qui ont décidé non seulement de suivre la voie de la durabilité des entreprises, mais aussi de façonner activement le destin qu'elles souhaitent atteindre.

Le Début

Défis des Entreprises dans l'Ère Actuelle et l'Émergence du Besoin d'ESG

Dans un monde de plus en plus interconnecté et dynamique, les entreprises font face à une série de défis complexes et multifacettes. De la prise de conscience croissante de l'environnement aux demandes de plus grande transparence et d'éthique dans les affaires, les pressions sur les organisations modernes sont plus intenses que jamais.

Défis Inhérents

Changement Climatique et Durabilité: Les changements climatiques ont émergé comme un défi urgent, forçant les entreprises à réévaluer leurs pratiques et à assumer la responsabilité de leur impact sur l'environnement. La recherche de la durabilité n'est pas seulement un choix éthique, mais une réponse essentielle à la crise climatique.

Pressions Sociales et Diversité: La société moderne exige plus que des produits et des profits ; elle exige une responsabilité sociale des entreprises. Les entreprises sont maintenant évaluées non seulement pour les produits qu'elles offrent, mais aussi pour la manière dont elles traitent leurs employés, contribuent aux communautés locales et promeuvent la diversité et l'inclusion.

Gouvernance et Éthique dans les Affaires: Les scandales d'entreprises et les défaillances éthiques ont ébranlé la confiance du public dans les institutions commerciales. La nécessité d'une gouvernance solide et éthique n'a jamais été aussi cruciale, non seulement pour répondre aux attentes du marché, mais aussi pour maintenir l'intégrité et la stabilité interne.

Le Contexte de l'Émergence de l'ESG

L'ESG émerge comme une réponse à ces défis, une approche globale qui transcende les modèles commerciaux traditionnels axés uniquement sur le profit. Il s'agit de reconnaître que les entreprises n'opèrent pas dans un vide, mais dans des communautés, des écosystèmes et des sociétés qui sont affectés par leurs actions.

L'Évolution des Attentes Sociales: À mesure que les attentes sociales évoluent, les entreprises sont appelées à être des agents de changement positif. La pression de la société pour plus de responsabilité et d'impact social redéfinit le rôle des entreprises dans la construction d'un monde plus équitable.

L'Urgence de la Durabilité des Entreprises: Avec l'augmentation des menaces environnementales, la durabilité n'est plus un choix, mais une nécessité. Les entreprises qui ignorent cette réalité font face non seulement à des défis réglementaires, mais aussi au risque de perdre leur pertinence sur le marché.

Reconnaître la Valeur à Long Terme: L'ESG ne concerne pas seulement la conformité réglementaire ; c'est une vision commerciale qui reconnaît l'importance de la valeur à long terme. Les entreprises qui intègrent des pratiques ESG se positionnent pour prospérer non seulement aujourd'hui, mais aussi dans les décennies à venir.

En plongeant plus profondément dans ce chapitre, nous explorerons comment ces défis ont façonné le paysage commercial actuel et comment l'ESG émerge comme une réponse holistique pour guider les entreprises sur la voie de la durabilité dans un monde en constante évolution.

Au milieu du rythme effréné du 21e siècle, les entreprises font face à des défis pressants qui vont au-delà des préoccupations financières traditionnelles. L'un de ces défis majeurs est l'impact des changements climatiques, une réalité incontournable qui redéfinit non seulement les limites de l'environnement commercial, mais aussi exige une approche radicalement différente.

Changements Climatiques et Durabilité

L'Émergence de la Crise Climatique: À mesure que nous sommes témoins d'événements climatiques extrêmes et de leurs effets dévastateurs à l'échelle mondiale, il devient évident que la crise climatique n'est pas un problème du futur, mais du présent. Les entreprises sont maintenant confrontées aux conséquences tangibles d'une planète en déséquilibre.

Pratiques Durables comme Impératif: La réponse à cette crise est intrinsèquement liée à la pratique de la durabilité. Il ne s'agit pas seulement d'une tendance passagère, mais d'un changement fondamental dans la façon dont les entreprises opèrent. L'adoption de pratiques durables n'est plus un choix ; c'est une nécessité pour atténuer les impacts négatifs et construire un avenir plus stable.

Reconnaître l'Interconnexion: Les entreprises ne peuvent plus opérer en isolation. L'interconnexion entre leurs opérations et l'environnement est claire, et les conséquences des actions commerciales résonnent à l'échelle mondiale. La compréhension de cette interdépendance est la première étape pour aborder les changements climatiques de manière significative.

Durabilité Au-delà de l'Image Corporative

Gagner la Confiance des Consommateurs: La durabilité ne concerne pas seulement la sauvegarde de la planète ; il s'agit également de gagner la confiance des consommateurs modernes. Les choix d'achat sont désormais influencés par la responsabilité sociale des entreprises, et les entreprises qui adoptent des pratiques durables sont perçues comme des partenaires dans la construction d'un avenir meilleur.

Innovation comme Réponse: Faire face aux défis climatiques n'est pas seulement une question de conformité ; c'est une opportunité pour l'innovation. Les entreprises qui recherchent des solutions créatives pour réduire leur empreinte environnementale répondent non seulement aux demandes de la société, mais se positionnent également comme des leaders dans leurs secteurs.

Résilience des Entreprises: La durabilité n'est pas seulement un choix éthique, mais une stratégie commerciale solide. Les entreprises qui intègrent la durabilité dans leur culture organisationnelle montrent une résilience face aux incertitudes liées aux changements climatiques, garantissant non seulement la continuité, mais aussi la prospérité.

En démêlant les complexités de ce défi crucial, nous plongeons dans l'intersection des changements climatiques et de la durabilité, explorant comment les entreprises, quel que soit leur taille ou leur secteur, sont appelées à repenser et à redéfinir leurs rôles par rapport à une planète en transformation. C'est le point de départ pour comprendre pourquoi l'ESG est devenu une nécessité urgente dans les stratégies commerciales modernes.

Pression Sociale et Diversité

L'Évolution des Attentes Sociales

Dans un contexte où les voix de la société deviennent de plus en plus amplifiées, les entreprises ne peuvent plus opérer dans un vide, ignorant les demandes et attentes d'une communauté mondiale connectée. La pression sociale contemporaine dépasse la simple recherche de produits et de profits, en embrassant la nécessité de la responsabilité sociale des entreprises.

Redéfinir le Rôle des Entreprises : Les attentes sociales ont évolué, allant au-delà de la simple livraison de biens et services. Les entreprises sont de plus en plus perçues comme des agents de changement positif, évaluées non seulement pour ce qu'elles produisent, mais aussi pour l'impact qu'elles ont sur les communautés et la société dans son ensemble.

Responsabilité Élargie : La pression sociale redéfinit la responsabilité des entreprises, élargissant le champ d'action au-delà du retour financier. Désormais, les organisations sont attendues pour contribuer activement à la construction d'un monde plus juste, équitable et inclusif.

L'Urgence de la Diversité et de l'Inclusion

Au-delà d'une Simple Stratégie Marketing : La diversité n'est plus seulement une stratégie marketing ; elle est devenue un impératif éthique et commercial. Les entreprises sont encouragées à créer des environnements de travail célébrant la diversité sous toutes ses formes, reconnaissant que l'équité et l'inclusion ne sont pas seulement des concepts à la mode, mais la base d'une culture organisationnelle solide.

Reflet de la Diversité Globale : Dans un monde de plus en plus interconnecté, les entreprises doivent refléter la diversité mondiale dans leurs structures internes. L'inclusion n'est pas seulement une question de justice sociale, mais aussi un moyen de maximiser le potentiel créatif et innovant d'équipes composées d'individus divers.

Les Avantages de l'Adoption de la Diversité

Attraction de Talents et de Consommateurs : Les entreprises qui embrassent la diversité attirent des talents plus variés et séduisent également des consommateurs cherchant à soutenir des marques alignées sur les valeurs d'inclusion et d'égalité.

Stimulation de l'Innovation : La diversité des perspectives stimule l'innovation. Les entreprises qui favorisent des environnements inclusifs sont mieux placées pour relever des défis complexes et développer des solutions créatives.

Résilience des Entreprises : La diversité n'est pas seulement une expression de responsabilité sociale, mais aussi une stratégie pour bâtir des entreprises résilientes. Les équipes diverses sont mieux équipées pour relever les défis de manière globale, répondant de manière plus efficace aux diverses exigences du marché, mettant en lumière les complexités de la pression sociale contemporaine et la nécessité urgente de la diversité et de l'inclusion dans les entreprises, une avantage stratégique dans le monde des affaires modernes.

Gouvernance et Éthique dans les Affaires

Scandales Corporatifs et la Nécessité de Changement

Dans un environnement d'affaires constamment sous le feu des projecteurs publics, la gouvernance et l'éthique dans les affaires sont devenues des piliers fondamentaux pour construire et maintenir la confiance. Les scandales corporatifs du passé ont servi d'avertissement, mettant en évidence le besoin critique d'établir des pratiques qui dépassent le simple respect des réglementations.

Redéfinir la Confiance Entrepreneuriale : La confiance, une fois perdue, est difficile à récupérer. Les scandales impliquant des pratiques antiéthiques et une mauvaise gouvernance affectent non seulement la réputation de l'entreprise, mais aussi la confiance générale dans l'environnement des affaires. La reconstruction de cette confiance nécessite une approche proactive envers une gouvernance solide et une éthique dans les affaires.

La Recherche de la Transparence : L'ère numérique a apporté avec elle une demande croissante de transparence. Les consommateurs et les investisseurs modernes exigent un accès à des informations claires et détaillées sur le fonctionnement des entreprises, de la prise de décisions aux pratiques comptables.

Le Rôle Fondamental de la Bonne Gouvernance

Prise de Décisions Stratégiques : Une gouvernance efficace n'est pas seulement une formalité ; c'est un élément essentiel dans la prise de décisions stratégiques. Les entreprises dotées de structures de gouvernance solides sont mieux placées pour relever les défis dynamiques de l'environnement des affaires et prendre des décisions bénéfiques pour toutes les parties prenantes.

Transparence et Reddition de Comptes : La transparence n'est pas seulement une réponse à la pression publique, mais une démonstration de responsabilité et de reddition de comptes. Les entreprises qui adoptent une approche transparente dans leur gouvernance ne se contentent pas de respecter les réglementations, mais construisent également des relations durables avec les clients, les employés et les investisseurs.

Éthique comme Fondement Entrepreneurial

Culture Éthique : L'éthique dans les affaires n'est pas une case à cocher ; c'est une culture à cultiver. Les entreprises éthiques promeuvent une mentalité qui valorise l'intégrité et la responsabilité à tous les niveaux, ne se limitant pas à la simple conformité aux règles.

Impact au-delà des Résultats Financiers : L'éthique dans les affaires ne se limite pas à une stratégie pour éviter les scandales. Elle crée un impact positif qui se reflète dans les résultats financiers et influence la satisfaction des employés, la fidélité des clients et la perception positive de la marque.

Une gouvernance solide et une éthique dans les affaires sont des éléments cruciaux dans la construction d'entreprises résilientes et fiables. En approfondissant ces aspects, nous comprenons pourquoi les pratiques de gouvernance et d'éthique sont extrêmement fondamentales pour le succès durable des entreprises aujourd'hui.

L'Émergence du Concept ESG

La Naissance de l'ESG : Racines Historiques

Le concept de l'ESG (Environnemental, Social et de Gouvernance) trouve ses racines dans des mouvements sociaux et des préoccupations environnementales remontant à la fin du XXe siècle. Le militantisme environnemental, la recherche de responsabilité sociale des entreprises et la nécessité d'une gouvernance plus transparente ont été des moteurs initiaux qui ont pavé la voie à la formalisation de l'ESG.

Années 1960-1970 : Mouvements Sociaux et Environnementaux : La décennie des années 1960 a été marquée par des mouvements sociaux significatifs, notamment les droits civiques et la sensibilisation à l'environnement. Le livre "Silent Spring" de Rachel Carson, publié en 1962, a mis en lumière les impacts environnementaux néfastes de l'utilisation indiscriminée de pesticides, catalysant le mouvement environnementaliste.

1990 : Responsabilité Sociale des Entreprises (RSE) : Pendant les années 1990, la Responsabilité Sociale des Entreprises (RSE) a commencé à gagner en importance. Les entreprises ont commencé à reconnaître l'importance de contribuer au bien-être social, en plus de rechercher des profits. Ce changement de paradigme a marqué le début de l'intégration de considérations sociales dans les stratégies commerciales.

2004 : Kofi Annan et les Principes du Pacte Mondial : Le Pacte Mondial des Nations Unies, lancé en 2000 et dirigé par alors Secrétaire Général Kofi Annan, a encouragé les entreprises à adopter des principes liés aux droits de l'homme, au travail, à l'environnement et à la lutte contre la corruption. Les Principes du Pacte Mondial ont contribué à l'intégration de préoccupations sociales et environnementales dans les stratégies corporatives.

2005 : Investissements Socialement Responsables (ISR) : La croissance des Investissements Socialement Responsables (ISR) reflète la demande croissante pour des stratégies d'investissement tenant compte du retour financier et de l'impact social et environnemental des entreprises. Cela a incité les entreprises à améliorer leurs pratiques ESG pour attirer des investisseurs engagés dans des critères plus larges.

Crises Financières et Catastrophes Environnementales : Catalyseurs pour l'ESG

2008 : Crise Financière Globale : La crise financière de 2008 a été un tournant, mettant en évidence les failles dans les pratiques de gouvernance et d'éthique des affaires. Cela a conduit à un accroissement de la surveillance de la transparence et de la responsabilité des entreprises.

Années 2010 : Catastrophes Environnementales et l'Ascension de l'ESG : Les catastrophes environnementales, comme la marée noire Deepwater Horizon en 2010, ont souligné l'urgence de considérations environnementales dans les opérations commerciales. Ces événements, combinés à une prise de conscience sociale croissante, ont contribué à la consolidation de l'ESG comme un concept intégral.

Pourquoi l'ESG?

L'ESG est apparu comme une réponse pragmatique aux défis auxquels les entreprises sont confrontées dans la société moderne. Alors que les attentes sociales évoluent, les entreprises réalisent l'importance stratégique d'adopter des pratiques qui dépassent la simple maximisation des profits. L'intégration de critères ESG n'est pas seulement une réponse à la pression externe ; c'est une stratégie pour construire des entreprises plus résilientes, éthiques et socialement responsables.

Ici, nous explorons la trajectoire historique qui a abouti à l'émergence du concept d'ESG, mettant en lumière les événements et les mouvements qui ont façonné cette approche holistique des affaires. En avançant, nous comprendrons mieux pourquoi l'ESG est devenu une nécessité impérative pour les entreprises qui cherchent non seulement à survivre, mais à prospérer dans un environnement commercial en constante évolution.

Dans les années 1960, le monde était plongé dans une atmosphère de changements radicaux et de mouvements sociaux qui cherchaient à remettre en question les normes établies et à promouvoir l'égalité et la conscience environnementale. C'était une période transformative, façonnée par des événements qui résonneraient pendant des décennies, y compris dans la manière dont les entreprises comprendraient et aborderaient les questions environnementales.

Mouvements Sociaux et Droits Civiques

Droits Civiques : Une Vague de Changements

Les années 60 ont été marquées par un mouvement passionné pour les droits civiques, principalement aux États-Unis, où les militants luttaient pour l'égalité raciale et la justice. Des leaders tels que Martin Luther King Jr. ont dirigé des manifestations et prononcé des discours percutants, cherchant à mettre fin à la ségrégation raciale et à promouvoir l'équité.

Conscience Environnementale : L'Éveil à une Nature Fragile

Parallèlement, un mouvement tout aussi significatif prenait de l'ampleur : la conscience environnementale. Le livre "Silent Spring" de Rachel Carson, publié en 1962, est apparu comme un phare d'alerte, mettant en lumière les effets nocifs de l'utilisation incontrôlée de pesticides, notamment le DDT, sur la santé humaine et l'environnement.

"Silent Spring" : Un Appel à l'Action

L'Impact du Livre de Rachel Carson

"Silent Spring" a été un tournant. Carson n'a pas seulement exposé les dangers des pesticides, mais a également directement remis en question l'industrie chimique et les organismes de réglementation. Son travail courageux a montré comment les activités humaines causaient des dommages irréversibles à la nature, y compris la mort d'oiseaux et d'autres animaux, et a alerté sur les conséquences pour la santé humaine.

Catalysant le Mouvement Environnementaliste

L'impact de "Silent Spring" a été immense. L'œuvre a influencé l'opinion publique, suscité des débats animés et, surtout, catalysé le mouvement environnementaliste moderne. La société a commencé à remettre en question la relation entre l'activité humaine et les dommages à l'environnement, une prise de conscience qui se traduirait par une demande croissante de changements dans les pratiques industrielles et les politiques environnementales.

Héritage Durable et Changements Culturels

Changements Législatifs et Conscience Publique

Le tumulte provoqué par "Silent Spring" a conduit à une réaction législative significative. En 1972, les États-Unis ont interdit l'utilisation du pesticide DDT. De plus, le livre a joué un rôle essentiel dans la création de l'Agence de Protection de l'Environnement (EPA) des États-Unis en 1970, mettant en évidence l'influence directe de la sensibilisation publique sur les politiques environnementales.

L'Émergence de l'Écologie et de la Responsabilité Environnementale

Le mouvement environnementaliste des années 60 a jeté les bases de l'émergence de l'écologie comme discipline scientifique et d'un changement culturel où la responsabilité environnementale est devenue un critère fondamental pour évaluer le comportement des entreprises et l'adéquation des politiques gouvernementales.

Ainsi, les années 1960-1970 ont non seulement été le témoin de mouvements sociaux et de droits civiques, mais ont également marqué le réveil d'une conscience environnementale mondiale. "Silent Spring" a été un phare qui a éclairé la voie vers la compréhension que les actions humaines ont des répercussions profondes sur l'environnement, établissant une base cruciale pour l'émergence ultérieure de l'ESG en tant qu'approche holistique pour les affaires et les investissements.

1990: Responsabilité Sociale des Entreprises (RSE)

Le Paradigme des Affaires en Transformation

Alors que nous entrions dans les années 1990, un changement fondamental se produisait dans le monde des affaires. L'accent exclusif sur la maximisation des profits laissait place à une approche plus large, où les entreprises reconnaissaient l'importance de contribuer au bien-être social. C'était l'émergence de la Responsabilité Sociale des Entreprises (RSE), un changement de paradigme qui laisserait une marque durable dans le monde des affaires.

Au-delà des Bénéfices

Élargissement du But des Entreprises : Les entreprises ont commencé à comprendre que leur rôle dépassait la simple recherche de profits. La société demandait plus. La RSE représentait la prise de conscience que les entreprises ont une responsabilité plus large, non seulement envers les actionnaires, mais aussi envers les employés, les communautés et l'environnement.

Considérations Sociales dans les Stratégies d'Entreprise : Pour la première fois, les considérations sociales ont été formellement incluses dans les stratégies d'entreprise. L'idée que les entreprises pourraient être des agents de changement positif gagnait du terrain. Des questions telles que l'éthique des affaires, la philanthropie d'entreprise et les pratiques de travail éthiques ont commencé à être intégrées dans les prises de décision des entreprises.

L'Évolution de la RSE

Conscience Environnementale en Hausse : Les années 1990 ont été témoins d'une prise de conscience croissante de l'environnement. Les entreprises ont commencé à réaliser que leur responsabilité sociale ne pouvait être dissociée des impacts environnementaux de leurs opérations. L'intégration de pratiques environnementales durables est devenue un élément essentiel de la RSE.

Élan vers la Transparence : La RSE a également impulsé la nécessité de transparence dans les actions des entreprises. Les entreprises ont commencé à divulguer des informations sur leurs pratiques sociales et environnementales, reconnaissant que la transparence n'était pas seulement une réponse à la pression publique, mais une pratique fondamentale pour construire et maintenir la confiance.

L'Héritage de la RSE et la Préparation à l'ESG

RSE comme Précurseur de l'ESG

Croissance de la Conscience Sociale : L'adoption croissante de la RSE a préparé le terrain pour l'acceptation de concepts plus larges, tels que l'ESG. La société a commencé à valoriser les entreprises qui non seulement fournissaient des produits et services de qualité, mais qui s'engageaient également dans la responsabilité sociale dans toutes leurs opérations.

Influence sur les Attentes des Consommateurs : La RSE a façonné les attentes des consommateurs, qui ont commencé à préférer les entreprises socialement responsables. Ce pouvoir de choix des consommateurs a joué un rôle vital dans la montée de l'ESG, à mesure que les entreprises ont pris conscience de l'importance d'aligner leurs pratiques sur les valeurs d'une société en évolution.

Les années 1990 ont donc représenté non seulement la montée de la RSE, mais aussi un changement paradigmatique dans la manière dont les entreprises percevaient leur rôle dans la société. Cette évolution a préparé le terrain pour la prochaine phase, où les considérations environnementales, sociales et de gouvernance seraient intégrées de manière plus holistique dans le concept moderne de l'ESG.

Années 2000 : Formalisation de l'ESG en tant que Concept Intégré

2004 : Kofi Annan et les Principes du Pacte Mondial

Au fur et à mesure que la nouvelle décennie se déroulait, un jalon crucial pour la formalisation de l'ESG était sur le point de se produire. En 2000, le Pacte Mondial des Nations Unies a été lancé, inaugurant une ère où les entreprises seraient appelées à adopter des principes éthiques et responsables dans leurs opérations. Cette initiative, menée par le Secrétaire Général de l'époque, Kofi Annan, a non seulement encouragé, mais aussi exigé que les entreprises considèrent attentivement leur impact social et environnemental dans leurs stratégies d'entreprise.

Le Pacte Mondial et ses Principes Fondamentaux

Un Appel à l'Action Globale : Le Pacte Mondial est apparu comme un appel à l'action mondiale, appelant les entreprises à aligner leurs opérations sur des valeurs fondamentales dans les domaines des droits de l'homme, du travail, de l'environnement et de la lutte contre la corruption. La vision derrière le pacte était claire : promouvoir une manière plus éthique et durable de faire des affaires dans le monde entier.

Droits de l'Homme et Travail Digne : Les principes du Pacte Mondial ont mis l'accent sur l'importance des droits de l'homme et du travail décent. Les entreprises ont été encouragées à respecter les droits fondamentaux de leurs employés, en favorisant des environnements de travail justes et équitables.

Engagement Environnemental : L'intégration des préoccupations environnementales a été un élément central. Les entreprises ont été encouragées à adopter des pratiques environnementalement durables, reconnaissant l'interconnexion entre leurs opérations et l'état de la planète.

Lutte contre la Corruption : La transparence et l'intégrité dans les affaires ont été mises en avant, avec pour objectif de lutter contre la corruption sous toutes ses formes. Ce principe visait à créer des environnements commerciaux éthiques et intègres.

Contribution à l'Intégration de l'ESG

Impact sur la Gouvernance d'Entreprise : Les Principes du Pacte Mondial ont eu un impact significatif sur la gouvernance d'entreprise, établissant une norme mondiale pour la conduite éthique des affaires. À partir de ce moment, la bonne gouvernance n'était plus un choix mais une attente mondiale.

Encouragement à la Durabilité des Entreprises : Le Pacte Mondial a été un catalyseur pour la durabilité des entreprises, poussant les entreprises à considérer non seulement le profit immédiat, mais aussi l'impact à long terme de leurs opérations sur le monde.

ESG comme Évolution Naturelle

La formalisation des Principes du Pacte Mondial a été une évolution naturelle vers l'ESG. Au fur et à mesure que les entreprises adoptaient ces principes, elles se rendaient compte que l'intégration des considérations environnementales, sociales et de gouvernance n'était pas seulement un choix éthique, mais une stratégie essentielle pour prospérer dans un monde de plus en plus interconnecté.

Ce jalon historique a solidifié le chemin vers la consolidation de l'ESG en tant que concept intégré, reflétant la compréhension que le succès des entreprises est intrinsèquement lié au bien-être de la société et de la planète.

2005: Investissements Socialement Responsables (ISR)

L'année 2005 a marqué un point crucial dans l'évolution du paysage financier mondial avec la reconnaissance croissante des Investissements Socialement Responsables (ISR). Cette approche novatrice en matière d'investissement a modifié la dynamique du marché et a également joué un rôle crucial dans la promotion de l'adoption généralisée de pratiques liées à l'ESG.

L'Émergence des Investissements Socialement Responsables (ISR)

Au-delà des Chiffres Financiers : L'ISR a représenté un changement fondamental dans la mentalité des investisseurs. Traditionnellement, l'accent était principalement mis sur les rendements financiers. Cependant, en 2005, il y a eu une reconnaissance croissante que le succès financier des entreprises ne devrait pas être évalué isolément.

Considérant l'Impact Social et Environnemental : L'essence de l'ISR réside dans la prise en compte de l'impact social et environnemental des entreprises. Les investisseurs ont commencé à rechercher non seulement la rentabilité, mais aussi la contribution positive des entreprises à la société et à l'environnement.

Promotion des Pratiques ESG

Amélioration des Pratiques Commerciales : La demande croissante d'investissements socialement responsables a servi de catalyseur pour que les entreprises améliorent leurs pratiques ESG. Pour attirer les investisseurs engagés envers des critères plus larges, les entreprises ont été encouragées à adopter des approches plus holistiques en matière d'environnement, de responsabilité sociale et de gouvernance.

Transparence comme Avantage Concurrentiel : Les entreprises qui ont adopté une attitude transparente en ce qui concerne leurs pratiques ESG se sont trouvées dans une position plus concurrentielle. Les investisseurs socialement conscients valorisaient la transparence, et les entreprises ont réalisé que la divulgation claire de leurs actions dans ces domaines répondait non seulement aux attentes du marché, mais constituait également un avantage positif.

Intégration de l'ESG dans l'ADN des Entreprises

Changement Culturel dans les Entreprises : L'influence de l'ISR a dépassé les marchés financiers pour pénétrer dans la culture des entreprises. Les entreprises ont commencé à réaliser que l'intégration de pratiques durables n'était pas seulement une réponse à des pressions externes, mais une stratégie essentielle pour la durabilité à long terme.

Attraction d'Investisseurs Engagés : À mesure que davantage d'investisseurs cherchaient à aligner leurs portefeuilles avec des valeurs éthiques et durables, les entreprises ont réalisé l'importance d'adopter des pratiques ESG non seulement comme une exigence éthique, mais aussi comme un moyen d'attirer des investisseurs engagés envers des critères plus larges.

L'ISR comme Pont vers la Reconnaissance Mondiale de l'ESG

La croissance des Investissements Socialement Responsables en 2005 a servi de pont fondamental vers la reconnaissance mondiale de l'ESG. Alors que les entreprises répondaient à la demande de pratiques plus éthiques et durables, la compréhension s'est consolidée que l'intégration de critères environnementaux, sociaux et de gouvernance était non seulement bénéfique, mais impérative pour le succès et la pertinence sur les marchés financiers et commerciaux modernes.

Crises Financières et Catastrophes Environnementales : Catalyseurs pour l'ESG

2008: Crise Financeira Mondiale

L'année 2008 est restée gravée dans l'histoire comme un tournant, non seulement pour les marchés financiers, mais aussi pour la façon dont les entreprises étaient perçues en termes de gouvernance et d'éthique des affaires. La crise financière mondiale a révélé des failles profondes dans le système économique, entraînant une réévaluation critique des pratiques commerciales dans le monde entier.

Point de Basculement dans la Gouvernance et l'Éthique des Affaires

Exposition des Défaillances du Système : La crise financière a exposé des failles significatives dans le système économique mondial. De grandes institutions financières ont été touchées, mettant en lumière des pratiques risquées, un manque de supervision et la prévalence de structures de gouvernance inadéquates.

Manque de Transparence et de Responsabilité : L'un des aspects les plus évidents pendant la crise était le manque de transparence et de responsabilité dans les pratiques commerciales. De nombreuses entreprises n'ont pas pu fournir une vision claire de leurs actifs, passifs et risques, révélant une lacune critique dans la gouvernance d'entreprise.

Augmentation de l'Examen et de l'Exigence de Transparence

Appel à une Plus Grande Transparence : La crise financière a agi comme un appel à une plus grande transparence dans les opérations commerciales. Les investisseurs, les régulateurs et le public en général ont commencé à exiger une compréhension plus profonde des pratiques internes des entreprises, notamment en ce qui concerne les risques financiers.

Reconnaissance de l'Importance de l'Éthique des Affaires : Outre la transparence, la crise a souligné l'importance de l'éthique des affaires. Des pratiques risquées et des décisions impulsives ont entraîné des conséquences graves, mettant en évidence le besoin critique d'intégrité et d'éthique dans les prises de décision commerciales.

Impulsion pour l'Adoption Généralisée de l'ESG

Naissance de l'ESG comme Réponse : La crise de 2008 a été un catalyseur significatif pour l'émergence de l'ESG comme une approche plus holistique des affaires. Les entreprises ont commencé à réaliser que la durabilité n'était pas seulement une question d'éthique, mais une stratégie essentielle pour atténuer les risques financiers et renforcer la résilience.

Inclusion de Considérations Environnementales, Sociales et de Gouvernance : En réponse à la crise, les entreprises ont commencé à intégrer des considérations environnementales, sociales et de gouvernance dans leurs stratégies centrales. L'ESG n'était plus une tendance périphérique, mais une nécessité impérieuse pour garantir la stabilité et la confiance sur les marchés.

L'ESG comme Réponse Transformatrice

La crise financière de 2008 a servi de réveil à la nécessité d'une approche plus globale dans les affaires. L'ESG a émergé comme la réponse transformative, offrant aux entreprises un moyen de reconstruire la confiance, de renforcer leurs pratiques de gouvernance et d'éthique, et de se positionner comme des agents de changement positif dans un environnement commercial en constante évolution.

Décennie 2010 : Catastrophes Environnementales et Montée de l'ESG

Catastrophes Environnementales : Un Appel à la Responsabilité

Dans les années 2010, l'humanité a été témoin de catastrophes environnementales marquantes, dont les répercussions se sont fait sentir non seulement dans la nature, mais aussi dans les couloirs des entreprises. Parmi ces événements, la marée noire de Deepwater Horizon, en 2010, a mis en évidence l'urgence de prendre en compte les aspects environnementaux dans les opérations commerciales.

Deepwater Horizon et Ses Conséquences

La Tragédie de Deepwater Horizon : La marée noire de Deepwater Horizon a été une catastrophe environnementale d'ampleur significative. Des millions de barils de pétrole ont été déversés dans le golfe du Mexique, entraînant des dommages dévastateurs pour la vie marine, les écosystèmes côtiers et l'industrie de la pêche locale.

Impact sur les Entreprises et la Réputation : Outre les dommages environnementaux, la catastrophe a eu des répercussions directes sur les entreprises impliquées. BP, l'opérateur de la plate-forme, a subi des impacts financiers importants et une perte substantielle de réputation.

Besoin Urgent de Considérations Environnementales : La marée noire de Deepwater Horizon n'était pas un incident isolé. Avec d'autres catastrophes environnementales de la décennie, telles que les déversements de produits chimiques toxiques et la déforestation à grande échelle, l'urgence de prendre en compte les aspects environnementaux dans les opérations commerciales est devenue évidente.

Conscience Sociale Croissante : La société prenait de plus en plus conscience des impacts environnementaux des activités commerciales. Les réseaux sociaux et les médias ont donné voix à une narration mondiale, accentuant la pression sur les entreprises pour qu'elles assument leur responsabilité non seulement en termes de profits, mais aussi en termes d'impacts environnementaux de leurs opérations.

Consolidation de l'ESG comme Concept Intégral

Intégration des Considérations ESG : Les catastrophes environnementales des années 2010 ont catalysé la consolidation de l'ESG comme concept intégral. Les entreprises ont commencé à reconnaître qu'elles ne pouvaient plus opérer en marge des considérations environnementales, sociales et de gouvernance. L'intégration de ces principes est devenue essentielle pour la durabilité des affaires.

Pression des Parties Prenantes : Les parties prenantes, y compris les investisseurs, les clients et les communautés affectées, ont intensifié la pression en faveur de pratiques plus éthiques et durables. Les entreprises qui ignoraient ces considérations étaient confrontées non seulement à des risques environnementaux, mais aussi à des risques financiers et de réputation.

ESG comme Réponse à l'Impératif Environnemental

Les catastrophes environnementales des années 2010 ont été un signal d'alarme quant à la nécessité urgente de prendre en compte les aspects environnementaux dans les pratiques commerciales. L'essor de l'ESG comme concept intégral a été la réponse de la communauté des affaires pour relever ces défis et construire une approche plus durable et responsable des affaires au XXIe siècle.

Chapitre

E

Environnement - Naviguer vers la Durabilité des Entreprises

Dans la quête incessante de modèles d'affaires responsables et durables, le chapitre "E" fait référence à l'environnement et marque l'entrée dans le concept de l'ESG dans notre livre. Il explore le vaste territoire des considérations environnementales dans les opérations commerciales. Dans les méandres de ce chapitre, nous explorerons l'importance croissante des politiques et des pratiques qui favorisent la préservation de l'environnement, offrant non seulement un regard critique sur les défis actuels, mais aussi en indiquant des directions prometteuses pour la construction d'un avenir commercial plus écologique.

Vers une Conscience Environnementale

Comprendre la Complexité de l'Environnement des Affaires

Défis Environnementaux Contemporains : Les défis auxquels sont confrontées les entreprises dans le contexte environnemental, de la lutte contre le changement climatique à la gestion responsable des ressources naturelles, soulignent l'urgence d'actions pour atténuer les impacts négatifs et contribuer à la santé et à la durabilité de la planète.

Le Rôle des Entreprises dans la Préservation de l'Environnement : Nous examinerons le rôle transformateur que les entreprises peuvent jouer dans la préservation de l'environnement. Nous analyserons des initiatives innovantes et les meilleures pratiques qui visent à concilier croissance économique et conservation des ressources naturelles.

Exploration de Stratégies Durables

Approches Innovantes et Pratiques Exemplaires

Durabilité comme Stratégie d'Affaires : Nous pénétrons dans le domaine de la durabilité en tant que stratégie essentielle pour la viabilité à long terme des entreprises. Nous examinerons des études de cas de succès montrant comment les entreprises intègrent les pratiques environnementales dans leurs modèles d'affaires.

Innovation Environnementale : Nous explorerons les innovations technologiques et les pratiques disruptives qui impulsent l'agenda environnemental dans les entreprises. De l'efficacité énergétique à l'économie circulaire, nous examinerons comment les organisations adoptent des approches innovantes pour réduire leur impact sur l'environnement.

Défis et Opportunités

Naviguer dans des Eaux Défiantes

Réglementations Environnementales et Conformité : Nous analyserons le paysage réglementaire, discutant des complexités et des opportunités auxquelles les entreprises sont confrontées en termes de conformité aux normes environnementales. Comment les réglementations façonnent-elles les pratiques commerciales et comment les entreprises peuvent-elles aller au-delà de la simple conformité pour devenir des leaders en matière de durabilité ?

Résilience des Entreprises et Environnement : Nous discuterons de la relation entre la résilience des entreprises et les pratiques environnementales. Comment la prise en compte de l'environnement contribue-t-elle à la résilience à long terme des entreprises face aux changements climatiques et autres défis environnementaux ?

Tout au long de ce chapitre, nous invitons les lecteurs à réfléchir sur la manière dont les entreprises peuvent être des catalyseurs de changements positifs, transformant les défis environnementaux en opportunités pour prospérer de manière responsable et durable.

Défis Environnementaux Contemporains

Dans le voyage vers la durabilité des entreprises, il est essentiel de relever les défis environnementaux contemporains qui façonnent le paysage des affaires. Ces défis ne sont pas de simples adversités ; ils sont des appels urgents à l'action, invitant les entreprises à reconsidérer fondamentalement leurs pratiques et stratégies pour garantir la préservation de l'environnement. Nous explorerons quelques-uns des défis pressants qui traversent le paysage environnemental contemporain.

Changement Climatique : Le changement climatique émerge comme l'un des défis les plus pressants de notre époque. L'augmentation des émissions de gaz à effet de serre alimente les événements climatiques extrêmes, l'élévation du niveau de la mer et les menaces pour la biodiversité. Les entreprises, en tant que principales responsables de ces émissions, ont la responsabilité d'atténuer leur impact et d'adopter des pratiques plus durables.

Pénurie de Ressources Naturelles : La demande croissante en ressources naturelles, combinée à des pratiques insoutenables, conduit à une pénurie rapide d'eau, de terre, de minéraux et d'autres ressources essentielles. Les entreprises doivent repenser leurs modèles de production et de consommation pour préserver l'intégrité des écosystèmes et garantir une distribution équitable de ces précieuses ressources.

Pollution et Gestion des Déchets : La pollution de l'air, de l'eau et du sol est une menace constante pour l'environnement. De plus, l'augmentation de la production de déchets, en particulier de plastiques, crée des défis significatifs pour la gestion de ces matériaux. Les entreprises sont appelées à adopter des pratiques qui réduisent la pollution, favorisent le recyclage et minimisent le gaspillage.

Perte de Biodiversité : La dégradation des habitats naturels et les pratiques insoutenables d'utilisation des terres contribuent à la perte rapide de biodiversité. Les entreprises ont un rôle crucial à jouer en considérant l'impact de leurs opérations sur la biodiversité, en adoptant des approches qui favorisent la conservation et la restauration des écosystèmes.

Énergie et Transition vers les Sources Renouvelables : La dépendance aux sources d'énergie non renouvelables intensifie les défis environnementaux. La transition vers des sources d'énergie renouvelable est devenue impérative pour réduire les émissions de carbone. Les entreprises sont incitées à adopter des pratiques plus efficaces et à investir dans des sources d'énergie propre.

Vers des Solutions et des Innovations : Face à ces défis, la pression sur les entreprises pour adopter des solutions innovantes et durables est indéniable. Surmonter ces obstacles n'est pas seulement une nécessité environnementale, mais aussi une stratégie vitale pour la survie et la prospérité des entreprises au XXIe siècle. Dans la prochaine section, nous explorerons les initiatives et les meilleures pratiques qui ouvrent la voie à des solutions prometteuses pour relever ces défis et construire un avenir commercial plus durable.

Le Rôle des Entreprises dans la Préservation de l'Environnement : À une époque où les questions environnementales sont devenues impératives, les entreprises jouent un rôle central dans la préservation de l'environnement. Ce chapitre explore comment les organisations peuvent transcender le rôle traditionnel de simples agents économiques pour devenir de véritables gardiens de la planète. Plongeons dans le rôle multifacette des entreprises dans la préservation de l'environnement.

Réduction des Émissions de Gaz à Effet de Serre : Les entreprises ont la responsabilité d'évaluer et de réduire leurs émissions de gaz à effet de serre. La transition vers des sources d'énergie plus propres, l'efficacité énergétique et la compensation des émissions sont des mesures clés qui peuvent être adoptées. Ces pratiques permettent non seulement de atténuer les changements climatiques, mais aussi de rendre les entreprises plus résilientes face à de futures réglementations.

Adoption de Pratiques de Production Durables : Reformuler les modèles de production est essentiel. La mise en œuvre de pratiques durables, telles que l'économie circulaire, qui réduit le gaspillage et optimise l'utilisation des ressources, devient une stratégie cruciale. Les entreprises innovantes explorent des moyens de produire des biens et des services qui minimisent l'impact environnemental tout au long de la chaîne de valeur.

Conservation des Écosystèmes : Les entreprises peuvent jouer un rôle vital dans la conservation des écosystèmes essentiels. Cela inclut la protection des zones naturelles, la restauration des habitats dégradés et la mise en œuvre de pratiques agricoles durables. En le faisant, les entreprises contribuent non seulement à la préservation de la biodiversité, mais aussi à la résilience de leurs propres chaînes d'approvisionnement.

Gestion Responsable des Déchets : La gestion des déchets devient un domaine crucial de concentration. Les entreprises peuvent adopter des pratiques qui réduisent la production de déchets, favorisent le recyclage et garantissent une élimination appropriée des déchets. La mise en place de programmes de logistique inversée et la réduction de l'utilisation de matériaux jetables sont des stratégies efficaces dans ce sens.

Innovation dans les Technologies Vertes : Les entreprises innovantes investissent dans les technologies vertes. Cela comprend le développement de produits et services plus durables, ainsi que l'intégration de technologies propres dans les processus de production. Cette approche permet non seulement de réduire l'impact environnemental, mais aussi de créer des opportunités de leadership sur le marché et de différenciation compétitive.

Intégrer la Préservation de l'Environnement à l'Identité Corporative : La préservation de l'environnement n'est pas seulement un ensemble de pratiques ; c'est une partie intrinsèque de l'identité corporative moderne. Les entreprises qui reconnaissent et embrassent leur rôle dans la préservation de l'environnement répondent non seulement aux attentes de la société, mais cultivent également la résilience à long terme, ouvrant la voie à un avenir commercial plus durable et responsable. Dans la prochaine section, nous explorerons comment l'innovation environnementale transforme les modèles d'entreprise et stimule la quête de durabilité.

Exploration des Stratégies Durables

Approches Innovantes et Pratiques Exemplaires

La durabilité n'est plus une option ; elle est devenue une stratégie impérative pour les entreprises cherchant non seulement à prospérer dans le présent, mais aussi à assurer leur viabilité à long terme. Explorons comment les approches innovantes et les pratiques exemplaires façonnent la transformation vers des stratégies durables.

Durabilité comme Stratégie d'Entreprise

Vision Holistique et Intégration : Les entreprises leaders adoptent une vision holistique de la durabilité, l'intégrant au cœur de leurs opérations. Ce n'est plus seulement une initiative isolée, mais plutôt une mentalité qui imprègne toutes les décisions d'entreprise, de la conception des produits aux stratégies de chaîne d'approvisionnement.

Alignement avec les Objectifs Mondiaux : Les stratégies durables sont de plus en plus alignées avec les objectifs mondiaux, tels que les Objectifs de Développement Durable (ODD) des Nations Unies. Les entreprises identifient des opportunités commerciales qui non seulement répondent aux objectifs de durabilité, mais aussi abordent des questions sociales et environnementales cruciales.

Mesure de l'Impact : La mesure de l'impact est devenue un outil essentiel. Les entreprises utilisent des métriques spécifiques pour évaluer leur performance environnementale, de l'empreinte carbone à l'utilisation responsable des ressources naturelles. Cette approche démontre non seulement la transparence, mais permet également des améliorations continues.

Innovation Environnementale

Économie Circulaire : L'économie circulaire, qui vise à minimiser le gaspillage et à réutiliser les ressources, devient une pratique exemplaire. Les entreprises repensent leurs modèles de production et de consommation, adoptant des approches circulaires qui contribuent à réduire les déchets et à promouvoir l'efficacité des ressources.

Conception Durable : L'innovation en matière de conception de produits est axée sur la durabilité. Les matériaux recyclables, les emballages écologiques et les cycles de vie prolongés sont des éléments clés. Les entreprises découvrent que la conception durable attire non seulement les consommateurs conscients, mais réduit également les impacts environnementaux au fil du temps.

Leadership dans l'Adoption des Énergies Renouvelables

Transition vers les Sources d'Énergie Propre : La transition vers les sources d'énergie renouvelable devient une pratique essentielle pour les entreprises durables. Investir dans l'énergie solaire, éolienne et autres formes d'énergie propre réduit non seulement les émissions, mais crée également une résilience face à la volatilité des prix des combustibles fossiles.

Efficacité Énergétique : L'efficacité énergétique est un pilier des pratiques commerciales durables. Les entreprises adoptent des technologies et des processus qui réduisent la consommation d'énergie, générant des économies financières significatives et réduisant l'empreinte carbone.

Vers une Durabilité d'Entreprise Transformative

Explorer des stratégies durables n'est pas seulement un choix éthique ; c'est une réponse pratique à l'urgence de préserver notre planète. Les entreprises qui intègrent ces approches atténuent non seulement les risques environnementaux, mais se positionnent également comme des leaders innovateurs dans un monde exigeant des actions significatives pour assurer un avenir durable. Dans la prochaine section, nous examinerons comment l'innovation environnementale façonne le paysage commercial et ouvre la voie à une nouvelle ère de responsabilité d'entreprise.

Défis et Opportunités

Dans notre voyage à travers la tempête des considérations environnementales dans les pratiques commerciales, nous rencontrons non seulement des défis imposants, mais aussi des opportunités significatives pour une transformation positive. Ce chapitre est une plongée profonde dans les eaux difficiles des dilemmes environnementaux contemporains, tout en identifiant également les opportunités latentes qui peuvent découler de l'adoption de pratiques durables et innovantes.

Naviguer dans des Eaux Difficiles

Réglementations Environnementales et Conformité : La complexité croissante des réglementations environnementales confronte les entreprises à des défis significatifs. La conformité n'est pas seulement une nécessité légale, mais aussi une responsabilité éthique. Nous examinerons comment les entreprises peuvent non seulement répondre à ces normes, mais aussi aller au-delà, en prenant la tête pour établir des normes plus élevées.

Résilience des Entreprises et Environnement : La résilience des entreprises, essentielle pour la survie dans un monde dynamique, est intrinsèquement liée aux pratiques environnementales. Les défis climatiques et environnementaux peuvent avoir un impact sur la continuité opérationnelle. Nous explorerons comment les entreprises peuvent devenir plus résilientes, non seulement en affrontant les défis environnementaux, mais en prospérant malgré eux.

Opportunités Émergentes

Innovation Environnementale comme Avantage Concurrentiel : Au milieu des défis, émerge une opportunité unique : l'innovation environnementale. Les entreprises qui investissent dans la recherche et le développement pour créer des produits et des processus plus durables gagnent non seulement un avantage éthique, mais aussi un avantage concurrentiel précieux sur le marché.

Marchés Émergents des Énergies Renouvelables : La transition vers des sources d'énergie propre ouvre la voie à de nouveaux marchés et opportunités d'investissement. Nous explorerons comment les entreprises peuvent non seulement adopter des pratiques durables, mais aussi capitaliser sur les opportunités émergentes dans les secteurs des énergies renouvelables et des technologies propres.

La Durabilité comme Génératrice de Valeur

Création de Valeur pour les Parties Prenantes : La durabilité n'est pas seulement une stratégie environnementale ; c'est une source puissante de valeur pour les parties prenantes. Des clients conscients aux investisseurs engagés en matière de critères ESG, les entreprises durables créent des relations plus solides et durables.

Réputation et Image de Marque Durable : La réputation d'une entreprise est de plus en plus liée à ses pratiques environnementales. Les entreprises qui adoptent des stratégies durables renforcent non seulement leurs marques, mais aussi construisent une réputation solide qui résonne auprès des consommateurs soucieux de l'environnement.

Vers une Durabilité des Entreprises Transformative

J'invite les lecteurs à explorer non seulement les défis auxquels les entreprises sont confrontées au milieu des complexités environnementales, mais aussi les opportunités extraordinaires qui découlent de l'adoption de pratiques durables. En naviguant dans ces eaux tumultueuses, les entreprises ont la chance de se transformer, non seulement en atténuant les risques, mais aussi en menant la charge de la responsabilité d'entreprise et en contribuant à un avenir plus durable et équitable.

Réglementations Environnementales et Conformité

Les entreprises modernes font face à un paysage réglementaire complexe et en évolution constante en ce qui concerne les questions environnementales. Les réglementations environnementales jouent un rôle crucial dans l'établissement de normes et la promotion de la responsabilité d'entreprise. Cependant, pour les entreprises, ces réglementations ne représentent pas seulement des obligations légales ; elles sont en réalité une boussole qui pointe dans la direction de la durabilité et de la préservation de l'environnement.

Complexité Réglementaire : La multiplicité des réglementations environnementales, émanant de différents organes gouvernementaux et dans diverses juridictions, représente un défi significatif pour les entreprises. Naviguer dans ce paysage complexe nécessite une compréhension approfondie des normes spécifiques applicables à chaque secteur et localité.

Responsabilité et Éthique des Affaires : Le respect rigoureux des réglementations environnementales n'est pas seulement une nécessité légale ; c'est un impératif éthique. Les entreprises sont appelées non seulement à répondre aux exigences minimales, mais aussi à adopter une posture proactive dans la recherche de la réduction des impacts environnementaux et la promotion de pratiques durables.

Défis Inhérents à la Conformité Environnementale

Coûts Associés à la Conformité : Bien souvent, le respect de normes environnementales strictes implique des coûts significatifs pour les entreprises. De la mise en œuvre de technologies plus propres à la gestion adéquate des déchets, les organisations sont confrontées à des défis financiers lorsqu'elles recherchent la conformité.

Surveillance et Rapports Précis : La conformité environnementale nécessite une surveillance précise et une production de rapports transparente. Cette tâche peut être complexe, exigeant des investissements dans des systèmes de surveillance et de collecte de données fiables pour garantir la conformité et éviter les pénalités.

Innovation pour la Conformité : À mesure que les réglementations environnementales deviennent plus strictes, une opportunité d'innovation se présente. Les entreprises qui investissent dans des technologies et des pratiques plus durables répondent non seulement aux exigences légales, mais se distinguent également en tant que leaders innovateurs dans leurs secteurs.

Avantage Concurrentiel et Accès aux Marchés : Les entreprises qui démontrent un engagement sérieux envers le respect des normes environnementales bénéficient d'un avantage concurrentiel. De plus, de nombreux marchés, notamment ceux axés sur le consommateur conscient, exigent de plus en plus des produits et des services provenant d'entreprises socialement et environnementalement responsables.

Durabilité Au-Delà du Respect Légal

Gestion des Risques Environnementaux : Pour les entreprises, la conformité environnementale n'est pas seulement une question d'évitement de pénalités légales ; c'est une stratégie essentielle de gestion des risques. Le non-respect peut entraîner des dommages irréparables à la réputation, des litiges et la perte de licences commerciales.

Intégration de la Conformité à l'ADN Corporatif : La véritable opportunité pour les entreprises réside dans l'intégration de la conformité environnementale à leur ADN corporatif. Lorsque les pratiques durables sont ancrées dans la culture organisationnelle, le respect des normes devient une partie intrinsèque des opérations quotidiennes, contribuant à une approche holistique de la responsabilité d'entreprise.

Vers une Transformation de la Durabilité des Entreprises

En explorant les réglementations environnementales et les défis de conformité, les entreprises ont l'opportunité de remplir leurs obligations légales et de mener la charge de la durabilité des entreprises. Dans la prochaine section, nous examinerons comment la résilience des entreprises peut être renforcée grâce à des pratiques environnementales responsables, transformant les défis en opportunités de croissance durable.

Résilience des Entreprises et Environnement

Au milieu des tempêtes de changements climatiques, de pénuries de ressources et de défis environnementaux, la résilience des entreprises émerge comme un gouvernail vital pour assurer la survie et la prospérité à long terme. Cette section explore l'intersection cruciale entre la résilience des entreprises et les pratiques environnementales, mettant en évidence comment les entreprises peuvent non seulement relever les défis, mais aussi prospérer dans des environnements dynamiques et en évolution.

Vulnérabilité aux Changements Climatiques : Les changements climatiques représentent une menace significative pour la résilience des entreprises. Des événements climatiques extrêmes tels que les ouragans, les sécheresses et les inondations peuvent perturber les opérations, endommager les infrastructures et impacter les chaînes d'approvisionnement. Les entreprises résilientes reconnaissent la nécessité d'adaptation et de mitigation.

Pénurie de Ressources et Dépendance aux Chaînes d'Approvisionnement : La pénurie de ressources naturelles et la dépendance aux chaînes d'approvisionnement mondiales augmentent la vulnérabilité des entreprises. La résilience exige une réévaluation de ces chaînes, identifiant des sources durables et des stratégies pour réduire la dépendance envers des ressources limitées.

Stratégies pour Renforcer la Résilience des Entreprises

Diversification des Sources d'Énergie : La transition vers des sources d'énergie plus propres réduit non seulement l'empreinte carbone, mais renforce également la résilience énergétique. Les entreprises qui diversifient leurs sources d'énergie sont moins exposées aux fluctuations des prix des combustibles fossiles et aux interruptions de l'approvisionnement.

Adaptation aux Changements Climatiques : La résilience exige la capacité de s'adapter aux changements climatiques. Cela implique l'évaluation des risques climatiques spécifiques aux opérations et la mise en œuvre de mesures préventives telles que des infrastructures résistantes au climat et des stratégies pour réduire la vulnérabilité.

Opportunités Émergentes

Innovation dans les Technologies Vertes : Les entreprises innovantes voient dans les technologies vertes une opportunité de renforcer la résilience. Investir dans des technologies durables telles que les énergies renouvelables et les processus de production plus efficaces réduit non seulement les impacts environnementaux, mais crée également des modèles d'affaires plus robustes.

Accès au Financement Durable : La résilience des entreprises est un facteur attractif pour les investisseurs engagés envers les critères ESG. Les entreprises qui démontrent une approche proactive pour atténuer les risques environnementaux ont un accès accru au financement durable et peuvent attirer des investisseurs qui valorisent la résilience à long terme.

Intégration de la Durabilité à la Résilience des Entreprises :

Culture Organisationnelle Résiliente : La résilience va au-delà des mesures techniques ; elle est fondée sur une culture organisationnelle résiliente. Les entreprises qui promeuvent la sensibilisation environnementale parmi leurs employés créent des équipes plus adaptables et innovantes, prêtes à relever les défis imprévus.

Participation aux Réseaux de Résilience : Participer à des réseaux de résilience, tels que des initiatives sectorielles ou des communautés d'entreprises durables, fournit un soutien supplémentaire. Le partage des meilleures pratiques et la collaboration peuvent renforcer la résilience collective des entreprises.

Vers une Transformation de la Durabilité des Entreprises : En explorant l'interconnexion entre la résilience des entreprises et les pratiques environnementales, les entreprises, en plus de se protéger contre les risques, se positionnent pour prospérer dans un monde en constante évolution. Dans la prochaine section, nous examinerons comment l'innovation environnementale est non seulement une réponse aux défis, mais aussi une source vitale d'opportunités pour la croissance durable.

Conclusion du Chapitre E : À travers notre exploration des réglementations environnementales et des défis de conformité, nous avons navigué dans les eaux tumultueuses des obligations et des complexités imposées aux entreprises. La nécessité de se conformer n'est pas seulement une exigence légale ; c'est un appel éthique à la responsabilité corporative. Nous avons abordé les défis inhérents à la conformité, des coûts associés à la nécessité d'une surveillance précise, mettant en évidence comment l'intégration de la conformité environnementale au sein du ADN corporatif est essentielle.

Entrant dans le Paysage de la Résilience des Entreprises : Nous avons compris comment le changement climatique et la pénurie de ressources représentent des menaces tangibles pour la continuité opérationnelle. Cependant, nous avons identifié des stratégies pour renforcer la résilience, telles que la diversification des sources d'énergie et l'adaptation aux changements climatiques. Nous avons également examiné les opportunités émergentes, telles que l'innovation dans les technologies vertes et l'accès à des financements durables.

Conclusion et Réflexion Finale : Tout au long de ce parcours, il est clair que la durabilité n'est pas seulement un objectif à atteindre ; c'est un voyage continu. La résilience des entreprises et la conformité environnementale ne sont pas de simples exigences, mais des fondements essentiels pour la construction d'un avenir commercial solide et durable. Dans la réflexion finale de ce chapitre, nous invitons les lecteurs à considérer non seulement les défis, mais aussi les opportunités extraordinaires qui découlent de l'adoption de pratiques durables et innovantes. L'intégration de ces principes dans l'ADN des entreprises renforce non seulement les entreprises contre les tempêtes environnementales, mais les positionne également comme des leaders dans la construction d'un monde commercial plus éthique, résilient et axé sur la durabilité. Dans la section suivante, des exemples illustreront comment l'innovation environnementale, en tant que force transformatrice, peut surmonter les obstacles et ouvrir la voie à une nouvelle ère de responsabilité corporative et de croissance durable.

Fast Fashion - Quand l'éphémère cause des problèmes permanents

L'avènement du fast fashion, marqué par la production de masse de vêtements à des prix abordables et des cycles de mode accélérés, a entraîné une série de problèmes environnementaux qui s'étendent au-delà des vitrines étincelantes des magasins de mode. Ce modèle de consommation éphémère, alimenté par la recherche constante de nouvelles tendances, a abouti à une pratique de mise au rebut dévastatrice, transformant certaines parties de l'Afrique et de l'Amérique du Sud en dépotoirs.

Dans de nombreux cas, les vêtements de fast fashion sont produits dans des pays en développement, où les coûts de main-d'œuvre sont plus bas. Cependant, cette production à grande échelle néglige souvent les impacts environnementaux, entraînant une montagne de déchets textiles. En Afrique, en particulier, nous voyons des communautés être accablées par cette mise au rebut, faisant face aux défis environnementaux et de santé publique qui y sont associés.

La pratique irresponsable de la mise au rebut des vêtements de fast fashion contribue de manière significative à la pollution environnementale. Les tissus synthétiques et les colorants toxiques présents dans ces pièces contaminent les sols et les ressources en eau, affectant les écosystèmes locaux et, par extension, la vie des communautés qui dépendent de ces ressources pour leur subsistance.

De plus, l'obsolescence rapide des vêtements de fast fashion alimente un cycle vicieux de consommation et de mise au rebut. Dans de nombreux cas, les pièces ne sont portées que quelques fois avant d'être jetées, créant une demande constante de nouveaux produits et aggravant les problèmes déjà existants.

L'exploitation sans entraves des ressources naturelles pour la production de vêtements de fast fashion impacte également négativement les communautés locales. Dans certaines régions d'Amérique du Sud, nous voyons des écosystèmes être dégradés pour répondre à la demande insatiable de l'industrie de la mode, entraînant le déplacement des communautés et la perte de biodiversité.

L'économie circulaire, qui préconise la réutilisation, le recyclage et la réduction des déchets, est souvent ignorée par ce modèle de consommation. Le manque d'incitation au recyclage des vêtements contribue à l'accumulation de déchets dans les décharges, créant un problème de dimensions mondiales.

Outre les impacts environnementaux, la pratique de la mise au rebut des vêtements dans les pays en développement reflète une disparité mondiale. Les déchets textiles provenant des nations plus riches sont souvent envoyés vers des pays plus pauvres, exacerbant les inégalités mondiales et surchargeant encore plus les infrastructures locales.

Il est crucial de repenser le modèle du fast fashion et d'adopter des pratiques plus durables. Encourager une production responsable, sensibiliser aux impacts environnementaux du fast fashion et investir dans des alternatives durables sont des étapes essentielles pour atténuer les dommages déjà causés et éviter que davantage de régions d'Afrique et d'Amérique du Sud ne deviennent victimes de ce modèle de consommation préjudiciable. Le passage à une approche plus consciente est une nécessité environnementale urgente et également un impératif éthique pour assurer un avenir plus équitable et durable pour tous.

Patagonia - L'exemple de l'ESG en pratique

Dans un contexte où l'industrie de la mode est souvent associée à des pratiques insoutenables, l'entreprise Patagonia émerge comme un phare d'espoir et un exemple remarquable de responsabilité environnementale et sociale. Fondée sur des principes de durabilité, Patagonia ne se contente pas de créer des produits de haute qualité, mais redéfinit le paradigme de la mode en intégrant des pratiques écologiquement conscientes dans tous les aspects de son entreprise.

L'engagement de Patagonia envers la durabilité est évident dès le processus de conception. L'entreprise adopte une approche novatrice en utilisant des matériaux recyclés et biologiques dans ses collections, réduisant ainsi considérablement l'empreinte environnementale de ses vêtements. Cette attention minutieuse aux matériaux reflète un engagement à atténuer les impacts environnementaux associés à la production textile.

En plus de cet engagement matériel, Patagonia est pionnière dans les initiatives de recyclage de vêtements. La campagne "Worn Wear" de l'entreprise encourage les consommateurs à prolonger la durée de vie de leurs vêtements, promouvant ainsi la culture de la réutilisation et réduisant le besoin d'élimination. Cette approche novatrice met en évidence l'importance de l'économie circulaire dans l'industrie de la mode.

La transparence est une caractéristique distinctive de l'approche de Patagonia. L'entreprise ne se contente pas de partager des informations sur l'origine de ses matériaux, mais défie également d'autres marques à adopter des pratiques plus éthiques. Cette posture de leadership démontre que la transparence n'est pas seulement un outil de marketing, mais un élément central de sa mission de responsabilité d'entreprise.

Patagonia va au-delà du modèle commercial traditionnel et se distingue par son plaidoyer en faveur des causes environnementales et sociales. Engagée à donner l'exemple de la manière dont les entreprises peuvent être des agents de changement, Patagonia verse un pourcentage de ses bénéfices à des organisations environnementales et s'engage dans des campagnes d'activisme, se positionnant comme une voix critique sur des questions telles que la conservation et la justice climatique.

L'entreprise remet également en question l'idée conventionnelle de croissance illimitée en encourageant les consommateurs à se demander s'ils ont vraiment besoin d'acheter de nouveaux vêtements. La campagne "Don't Buy This Jacket" en est un exemple notable, mettant en lumière l'impact environnemental de la production excessive de vêtements et incitant à réfléchir sur le véritable besoin de consommation.

L'approche holistique de Patagonia à l'égard de ses employés mérite également d'être soulignée. L'entreprise promeut des pratiques de travail équitables, offre des avantages innovants tels que le congé parental rémunéré, et souligne l'importance de l'équilibre entre travail et vie personnelle. Cette prise en compte des aspects sociaux de la durabilité démontre un engagement authentique envers le bien-être de ses collaborateurs.

Le leadership de Patagonia s'étend à sa recherche constante de solutions innovantes. En investissant dans des technologies et des processus plus durables, l'entreprise cherche continuellement à réduire son impact environnemental, inspirant d'autres marques à suivre son exemple et à repenser leurs propres pratiques.

En adoptant une approche proactive et progressiste pour relever les défis environnementaux, Patagonia ne se contente pas de créer des vêtements, mais tisse une histoire de la manière dont les entreprises peuvent être des agents de changement positif. En se consacrant à la durabilité et à la responsabilité sociale, Patagonia souligne qu'il est possible, et nécessaire, de repenser la manière dont nous concevons et pratiquons la mode, offrant une vision inspirante pour l'industrie.

Chapitre

S

Responsabilité Sociale des Entreprises

Dans le chapitre consacré au Social de notre livre "Destination ESG : Sur la voie de la durabilité des entreprises", nous pénétrons dans un territoire crucial et sensible qui transcende les limites du profit et s'étend aux piliers fondamentaux de l'humanité. Dans ce voyage, nous explorerons comment les entreprises, quel que soit leur taille, peuvent jouer un rôle significatif dans la construction de sociétés plus justes, inclusives et socialement responsables. La responsabilité sociale des entreprises n'est pas seulement un choix éthique ; elle est devenue une destination impérative pour les organisations engagées dans un avenir durable.

Ce chapitre vise à dévoiler les pratiques et les stratégies qui transforment les entreprises en agents de changement social positif. De la promotion de la diversité et de l'égalité sur le lieu de travail aux initiatives qui ont un impact positif sur les communautés dans lesquelles elles sont implantées, nous examinerons comment les entreprises peuvent intégrer les considérations sociales dans leur ADN corporatif. Après tout, naviguer sur le terrain social n'est pas seulement un choix bienveillant ; c'est une boussole qui guide les organisations vers une destination plus compatissante et équitable.

Tout au long de ce chapitre, nous explorerons des exemples inspirants d'entreprises qui reconnaissent non seulement l'impact social de leurs opérations, mais qui adoptent également des mesures tangibles pour améliorer la qualité de vie de leurs employés, promouvoir l'inclusion et contribuer au développement durable des communautés qu'elles servent. C'est une invitation à explorer les eaux de la responsabilité sociale des entreprises, où les entreprises prospèrent non seulement financièrement, mais jouent également un rôle essentiel dans la construction d'un tissu social plus solide et résilient. Accompagnez-nous dans ce voyage à travers le Social, où les valeurs fondamentales de l'humanité se mêlent au parcours entrepreneurial vers une destination ESG.

Redéfinir le rôle des entreprises : Naviguer dans les eaux du changement social

Dans le contexte contemporain, les attentes sociales à l'égard des entreprises ont largement dépassé le paradigme traditionnel de simples producteurs de biens et fournisseurs de services. De nos jours, les organisations sont perçues comme des acteurs d'une narration plus vaste, non seulement pour les marchandises qu'elles offrent, mais de plus en plus pour l'impact social positif qu'elles sont capables de générer au sein des communautés et dans la société dans son ensemble.

Le terme « corporatisme social » est devenu une expression clé dans le débat sur le rôle des entreprises aujourd'hui. Ce changement de perspective reflète une compréhension plus profonde et plus globale selon laquelle les organisations jouent un rôle crucial dans le tissu social, allant au-delà de simples transactions commerciales. La société demande désormais une action plus engagée et responsable, où le succès des entreprises n'est pas mesuré uniquement par des indicateurs financiers, mais aussi par leur contribution positive au bien-être collectif.

Aujourd'hui, l'évaluation d'une entreprise dépasse la simple qualité de ses produits ou services. Elle est scrutée pour l'efficacité de ses pratiques environnementales, son engagement en matière d'égalité des chances sur le lieu de travail, la promotion de la diversité et de l'inclusion, ainsi que pour son impact tangible sur les questions sociales et communautaires. Les entreprises ne sont plus jugées uniquement sur ce qu'elles produisent, mais sur l'héritage qu'elles construisent et les valeurs qu'elles incarnent.

Cette redéfinition du rôle des entreprises implique un changement fondamental dans la manière dont les organisations conçoivent leur objectif. La recherche du profit n'est plus considérée comme un objectif isolé, mais comme faisant partie intégrante d'une mission plus large visant à contribuer positivement à la société. Les entreprises sont appelées à jouer un rôle actif dans la résolution des défis sociaux, en soutenant des causes, en investissant dans des initiatives de responsabilité sociale et en adoptant des pratiques éthiques qui vont au-delà de la simple conformité aux normes et réglementations.

Cette nouvelle approche reflète non seulement un changement dans les attentes externes, mais aussi une prise de conscience interne selon laquelle la durabilité à long terme d'une entreprise est intrinsèquement liée à sa capacité à construire des relations positives et durables avec ses parties prenantes. La fidélité des consommateurs, l'attraction et la rétention des talents, et même l'accès au financement sont de plus en plus liés à l'engagement social et environnemental d'une entreprise.

Naviguer dans ces eaux de changement social n'est pas seulement une option stratégique, mais une nécessité impérative pour les entreprises qui souhaitent prospérer dans un monde où la sensibilisation sociale et la responsabilité d'entreprise sont des éléments clés de la construction d'une réputation solide et durable. Tout au long de ce chapitre, nous explorerons des cas emblématiques et des stratégies efficaces qui illustrent comment les entreprises ne se contentent pas de s'adapter à ces nouvelles attentes, mais façonnent activement un avenir où le succès des entreprises et le bien-être social sont intrinsèquement liés.

Responsabilité Élargie : Au-delà du Financier, vers la Justice Sociale

À mesure que les attentes sociales évoluent, la pression sur les entreprises pour assumer une responsabilité élargie s'intensifie, dépassant la vieille métrique de succès basée uniquement sur le retour financier. Ce nouveau paradigme redéfinit l'essence même de la responsabilité d'entreprise, élargissant son champ d'application pour embrasser non seulement la génération de profits, mais aussi le rôle actif dans la construction d'un monde plus juste, équitable et inclusif.

La pression sociale, dans son essence, agit comme un catalyseur de cette transformation. Les entreprises ne peuvent plus opérer dans un vide, se concentrant exclusivement sur leurs intérêts commerciaux. La société exige une contribution plus significative et consciente, une responsabilité qui transcende les marges des bilans financiers. L'attente est désormais que les organisations ne prospèrent pas seulement économiquement, mais deviennent également des agents proactifs du changement social positif.

La responsabilité élargie englobe un engagement authentique à améliorer les conditions sociales et à promouvoir la justice. Il ne s'agit pas seulement d'adopter des pratiques durables ou de mener des activités philanthropiques sporadiques ; c'est une approche holistique qui imprègne toutes les facettes de l'entreprise. Cela implique de créer des environnements de travail inclusifs, de garantir l'égalité des chances et de s'attaquer aux problèmes sociaux qui affectent directement les communautés où les entreprises opèrent.

Ce changement de paradigme n'est pas seulement une réponse aux demandes sociales ; c'est une compréhension que le succès des entreprises est lié au progrès et à la stabilité de la société dans son ensemble. La responsabilité élargie reconnaît que les entreprises ont le pouvoir et l'influence pour impacter positivement les communautés, et donc l'obligation d'utiliser cette influence pour le bien commun.

Dans ce contexte, la responsabilité d'entreprise n'est plus considérée comme une tâche supplémentaire, mais comme faisant partie intégrante de la mission de l'entreprise. Avec cette approche élargie, les organisations ne répondent pas seulement aux demandes du présent, mais façonnent également un avenir où les affaires ne sont pas seulement des moteurs économiques, mais aussi des agents de transformation sociale. L'engagement actif dans la construction d'une société plus juste et inclusive devient non seulement un choix éthique, mais aussi une stratégie fondamentale pour la durabilité à long terme.

Tout au long de ce chapitre, nous explorerons des cas emblématiques illustrant comment les entreprises intègrent cette responsabilité élargie dans leurs opérations quotidiennes. Nous examinerons des stratégies tangibles qui dépassent les attentes conventionnelles, marquant un voyage où les organisations ne répondent pas seulement, mais dépassent également les exigences sociales, construisant un héritage d'impact social positif qui résonne au-delà des frontières du monde des affaires.

Au-delà d'une Simple Stratégie Marketing : Célébrer la Diversité comme Pilier Essentiel

La diversité, dans son évolution sur la scène commerciale contemporaine, a transcendé la catégorisation simpliste d'être simplement une stratégie marketing. Elle est devenue un impératif éthique et commercial, façonnant les fondements d'une culture organisationnelle qui cherche non seulement à accueillir, mais à célébrer la multiplicité des perspectives, des expériences et des identités. Dans ce contexte, l'équité et l'inclusion ne sont pas seulement des termes à la mode, mais les piliers essentiels de la construction d'une culture organisationnelle robuste et durable.

Le changement de paradigme concernant la diversité reflète non seulement une réponse à des pressions externes ou une stratégie pour attirer les consommateurs, mais une compréhension profonde de l'importance intrinsèque de la diversité dans les affaires. Les entreprises ne sont plus seulement confrontées à la création d'équipes visuellement diverses, mais à cultiver des environnements de travail véritablement inclusifs, où chaque voix est valorisée, respectée et habilitée.

La diversité de la pensée, des expériences de vie et des perspectives culturelles n'est plus considérée comme un avantage compétitif abstrait, mais comme une force vitale qui alimente l'innovation, la créativité et la résolution de problèmes. Les organisations réalisent qu'en embrassant la diversité, elles ne s'alignent pas seulement sur des normes éthiques plus élevées, mais renforcent également leur propre cœur, devenant ainsi plus adaptables et agiles dans un monde en constante évolution.

Il est essentiel de comprendre que la diversité n'est pas une réalisation statique ; c'est un engagement continu envers la création d'environnements inclusifs qui favorisent l'égalité des chances. La diversité va au-delà de la simple représentation superficielle ; il s'agit de reconnaître et de valoriser les expériences et les compétences diverses que chaque individu apporte avec lui, construisant ainsi une toile unique qui enrichit la culture organisationnelle.

Nous explorerons ensuite comment les entreprises adoptent et internalisent la diversité comme faisant partie intégrante de leur identité d'entreprise. Nous analyserons les pratiques innovantes, les programmes d'inclusion efficaces et la manière dont les dirigeants d'entreprise promeuvent une culture qui dépasse simplement l'acceptation de la diversité, allant vers la célébration active des différences. C'est une invitation à comprendre que la diversité, bien au-delà d'une stratégie marketing, est le fondement solide d'une culture d'entreprise qui non seulement survit, mais s'épanouit dans la complexité du monde moderne.

Refletant la Diversité Globale : Une Aventure au-delà des Frontières Organisationnelles

Dans un contexte d'interconnexion mondiale croissante, la diversité n'est plus simplement une option mais devient une nécessité impérative dans les structures internes des entreprises. Plus qu'une question de justice sociale, l'inclusion est devenue un pilier essentiel pour maximiser le potentiel créatif et innovant des équipes composées d'individus divers. C'est un appel aux entreprises pour qu'elles reflètent, dans leur propre dynamique, la richesse et la complexité du monde qui les entoure.

La diversité globale ne se limite pas à la présence de représentants de différentes nationalités, bien que cela soit important. Elle se reflète également dans les expériences de vie variées, les perspectives culturelles distinctes et les identités diverses qui composent la toile d'une équipe véritablement mondiale. Dans ce contexte, l'inclusion va au-delà d'une simple stratégie de ressources humaines ; c'est une approche stratégique pour naviguer dans la complexité du paysage mondial contemporain.

En embrassant la diversité mondiale, les entreprises ne répondent pas seulement à un impératif éthique, mais se préparent également à relever les défis et à explorer les opportunités d'un monde de plus en plus interconnecté. Les équipes composées d'une variété d'origines offrent une gamme plus large de perspectives, stimulant la créativité et l'innovation. La solution à des problèmes complexes émerge souvent de la collaboration entre des esprits abordant les défis sous des angles différents.

Cependant, la diversité globale n'est pas atteinte simplement en embauchant des individus de différentes parties du monde. C'est un engagement constant à créer une culture inclusive qui valorise et respecte les différences. Cela implique de promouvoir des environnements de travail où toutes les voix sont entendues, toutes les contributions sont valorisées et chaque individu se sent partie intégrante du tout.

Actuellement, les entreprises reconnaissent et intègrent activement la diversité mondiale dans leurs opérations quotidiennes. En surmontant les barrières culturelles, linguistiques et géographiques pour créer de véritables équipes interculturelles. Nous devons réfléchir à la manière dont la diversité mondiale enrichit non seulement l'environnement de travail, mais renforce également la résilience et l'adaptabilité des entreprises dans un paysage commercial de plus en plus diversifié et mondialisé.

Attirer les Talents et les Consommateurs : Le Pouvoir de la Diversité comme Avantage Concurrentiel

L'engagement envers la diversité n'est pas seulement un principe éthique ; il est devenu une stratégie commerciale puissante, capable d'attirer des talents exceptionnels et de fidéliser des consommateurs engagés. Les entreprises qui embrassent la diversité forment une main-d'œuvre plus talentueuse et établissent également des liens plus profonds avec des consommateurs qui cherchent à soutenir des marques alignées sur les valeurs d'inclusion et d'égalité.

En positionnant la diversité comme un avantage concurrentiel, les entreprises signalent non seulement une ouverture à la représentation, mais aussi un engagement authentique en faveur de la promotion de l'équité. Cela crée un environnement de travail attrayant pour les professionnels talentueux qui recherchent non seulement un emploi, mais aussi une culture organisationnelle qui respecte et célèbre leurs identités uniques.

L'attraction de talents diversifiés est une stratégie de ressources humaines ; c'est aussi un moyen d'enrichir l'entreprise avec une gamme plus large de compétences, d'expériences et de perspectives. Les équipes diversifiées sont connues pour être plus innovantes, créatives et résilientes, ce qui se traduit par des solutions plus complètes aux défis commerciaux.

De plus, le lien entre la diversité et la consommation est de plus en plus évident. Les consommateurs modernes sont attentifs non seulement aux produits ou services proposés, mais aussi aux valeurs et principes qu'une marque représente. Les entreprises qui promeuvent la diversité non seulement gagnent la fidélité de clients engagés dans des causes sociales, mais élargissent également leur base de consommateurs en atteignant des publics diversifiés et hétérogènes.

La diversité devient ainsi un point d'identification pour les consommateurs, créant une relation plus profonde et authentique. Les marques qui embrassent la diversité ne vendent pas seulement des produits ; elles racontent des histoires d'inclusion, de respect et d'acceptation, établissant un lien émotionnel qui va au-delà de la transaction commerciale.

Nous avons aujourd'hui des exemples d'entreprises qui ont transformé la diversité en un aimant à la fois pour les talents et pour les consommateurs. Avec des stratégies de recrutement, des programmes d'inclusion et des campagnes marketing qui affirment l'engagement envers la diversité et démontrent l'authenticité de cet engagement. Nous devons comprendre que la diversité est une exigence moderne et une source précieuse de force et de résilience pour les entreprises qui cherchent à se démarquer dans un marché de plus en plus diversifié et conscient.

Stimulation de l'Innovation : La Force Transformative de la Diversité des Perspectives

L'innovation s'épanouit dans des environnements où la diversité n'est pas seulement reconnue, mais célébrée comme une force motrice. Les entreprises qui cultivent des environnements inclusifs et diversifiés reflètent une posture éthique et se positionnent stratégiquement pour relever des défis complexes et générer des solutions créatives. La diversité des perspectives est un puissant catalyseur de l'innovation.

La véritable innovation ne vient pas de l'homogénéité, mais de la collision et de la fusion d'idées diverses. Les équipes composées de professionnels d'origines, d'expériences et de formations différentes offrent une variété unique d'approches pour résoudre les problèmes. Cette diversité de perspectives élargit le spectre des idées et remet en question le statu quo, incitant à la recherche de solutions en dehors des sentiers battus.

L'inclusion de divers points de vue est fondamentale pour comprendre les besoins variés des clients dans un monde de plus en plus hétérogène. En incorporant ces perspectives diverses dans le processus d'innovation, les entreprises ont la capacité de créer des produits et des services qui répondent à un public plus large, se démarquant dans la compétitivité du marché.

De plus, les environnements inclusifs stimulent la confiance et la créativité. Les employés qui se sentent valorisés et respectés pour leurs contributions sont plus susceptibles de partager leurs idées, de proposer des solutions innovantes et de collaborer de manière transversale. Cela crée une dynamique de travail qui nourrit l'innovation continue et promeut une culture d'apprentissage et d'adaptation.

La diversité est devenue un pilier éthique, et surtout un moteur essentiel de l'innovation en entreprise. Des stratégies sont mises en œuvre par des organisations progressistes qui transforment la diversité des perspectives en avantage concurrentiel. Nous sommes amenés à comprendre que l'innovation n'est pas seulement la recherche de nouvelles technologies, mais surtout la recherche de nouvelles façons de penser et de créer, catalysées par la richesse que la diversité des perspectives apporte.

Résilience des Entreprises : L'Alliance Stratégique avec la Diversité

La résilience des entreprises est de plus en plus façonnée par la diversité en tant qu'alliée stratégique puissante. Bien plus qu'une expression de responsabilité sociale, la diversité émerge comme une stratégie délibérée pour construire des entreprises capables de relever les défis avec adaptabilité et efficacité. Les équipes diverses reflètent un engagement éthique ; elles deviennent les piliers essentiels de la résilience des entreprises, répondant de manière plus efficace aux demandes variées et dynamiques du marché.

La diversité, lorsqu'elle est intégrée à l'essence de l'entreprise, favorise une richesse de perspectives qui se traduit directement par des réponses plus globales face à des défis imprévus. Dans des environnements diversifiés, la variété des expériences et des compétences permet aux équipes de faire face aux adversités sous différents angles, favorisant une capacité d'adaptation qui devient un avantage stratégique.

Cette résilience est particulièrement vitale dans un environnement commercial caractérisé par des changements rapides et des incertitudes constantes. Les équipes diverses sont plus enclines à penser de manière créative, à explorer des solutions innovantes et à s'adapter rapidement aux transformations du marché. Cela crée une dynamique de travail qui non seulement survit aux défis, mais en ressort renforcée et mieux préparée pour l'avenir.

La résilience, alors, n'est pas seulement une question de surmonter des obstacles, mais d'adaptation et d'évolution continue. Les entreprises qui reconnaissent la diversité comme un fondement de la résilience abordent efficacement les crises, et prospèrent également dans un environnement commercial volatil, capitalisant sur les opportunités qui surgissent au milieu de l'incertitude.

Nous avons des exemples d'entreprises qui ont fait de la diversité une stratégie fondamentale pour la résilience. Et nous pouvons voir comment l'intégration de perspectives diverses a renforcé ces organisations face à des défis et les a positionnées en tant que leaders dans des secteurs concurrentiels et en constante évolution. La diversité, lorsqu'elle est intégrée à la culture d'entreprise, enrichit la main-d'œuvre et construit la résilience nécessaire pour affronter un avenir commercial imprévisible.

Réflexion Finale
Au-delà de la Diversité, le Voyage vers une Société Inclusive

En concluant ce chapitre dédié au composant "Social" de l'ESG, il est impératif de transcender la simple célébration de la diversité et de plonger dans l'essence transformative de l'inclusion. La diversité est le point de départ, mais la véritable évolution se produit lorsque cette diversité se traduit en une force qui façonne les dynamiques commerciales et le tissu social dans son ensemble.

L'inclusion va au-delà des chiffres et des statistiques de représentation. Elle exige un engagement authentique envers l'équité, la justice et le respect. Cela signifie créer des espaces où chaque voix est entendue, chaque identité est valorisée, et chaque individu se sent partie intégrante de la communauté. L'inclusion est la base de la construction d'une société plus juste et équitable.

Tout au long de ce chapitre, nous avons exploré comment la diversité stimule l'innovation, renforce la résilience des entreprises et établit des liens authentiques avec les consommateurs et les talents. Cependant, la véritable importance du voyage social réside dans sa capacité à créer un impact durable sur les structures plus larges de la société. Les entreprises ne sont pas seulement des acteurs économiques, mais aussi des influenceurs des récits culturels et sociaux.

Le défi consiste à aller au-delà des politiques inclusives en matière de ressources humaines et des programmes de diversité. La véritable révolution sociale se produit lorsque les entreprises assument un rôle actif dans la déconstruction des barrières systémiques, la promotion de l'égalité des chances et la défense de valeurs qui transcendent les frontières organisationnelles.

L'inclusion est un voyage continu, une recherche constante d'amélioration et de conscience. C'est une opportunité pour les entreprises non seulement de répondre aux demandes du présent, mais toujours dans le but de façonner un avenir où l'égalité des chances n'est pas seulement une aspiration ou une théorie dans un livre, mais une réalité vécue par tous.

En refermant ce chapitre, nous vous invitons à approfondir votre compréhension de l'inclusion en tant que moteur de transformation sociale. Que les leçons apprises ici inspirent des actions commerciales et contribuent à la construction d'une société où la diversité est célébrée, l'inclusion est la norme, et la justice sociale est l'objectif commun.

La Fermeture des Frontières, Nuisible pour l'Économie et Rejetant la Diversité

La fermeture des frontières aux immigrants est une pratique qui, bien qu'elle puisse avoir diverses motivations, déclenche souvent une série de défis économiques dans les pays qui adoptent cette mesure. Cette décision, souvent motivée par des préoccupations liées à l'emploi et à la sécurité, peut avoir des impacts économiques significatifs et multidimensionnels sur l'économie nationale.

En fermant les frontières aux immigrants, les pays peuvent se retrouver confrontés à une pénurie de main-d'œuvre dans des secteurs cruciaux. Dans de nombreux pays, les immigrants jouent des rôles fondamentaux dans des secteurs tels que l'agriculture, la construction, la santé et les services, comblant des lacunes que la population locale peut ne pas être prête ou disposée à occuper. Le résultat de cette fermeture peut être une pénurie de travailleurs qualifiés et non qualifiés, ayant un impact négatif sur la productivité et la croissance économique.

De plus, la fermeture des frontières peut compromettre la diversité culturelle et la dynamique démographique, des éléments cruciaux pour l'enrichissement de la société et de l'économie. La diversité culturelle conduit souvent à différentes perspectives et approches innovantes, stimulant la créativité et la résolution de problèmes, des aspects fondamentaux pour la compétitivité économique dans un monde globalisé.

Un autre défi économique associé à la fermeture des frontières est l'impact sur les industries axées sur les immigrants. Les restaurants, les magasins ethniques, les services communautaires et d'autres activités qui dépendent de la présence d'une communauté diversifiée peuvent en souffrir considérablement. Cela affecte non seulement les entrepreneurs immigrants, mais contribue également à la perte d'emplois pour la population locale dans ces industries.

De plus, il y a un impact sur les envois de fonds, une source de revenus vitale pour de nombreux pays en développement. La fermeture des frontières peut restreindre la capacité des travailleurs immigrants d'envoyer de l'argent à leurs familles dans leur pays d'origine, affectant directement la stabilité économique de ces communautés.

En termes d'innovation et de recherche, la fermeture des frontières peut également limiter la circulation des talents internationaux. Les universités et les centres de recherche bénéficient souvent de la diversité des perspectives apportées par les étudiants et les universitaires étrangers, contribuant aux avancées scientifiques et technologiques qui stimulent le développement économique.

La décision de fermer les frontières aux immigrants peut également générer des tensions diplomatiques et affecter les accords commerciaux. Des relations internationales altérées peuvent entraîner des restrictions au commerce et à la coopération économique, nuisant aux opportunités de croissance pour les deux parties.

En fin de compte, le problème économique résultant de la fermeture des frontières aux immigrants va au-delà des questions d'emploi immédiat. Il affecte la dynamique globale de l'économie, restreignant le potentiel de croissance, d'innovation et de collaboration. C'est une question complexe qui nécessite une analyse minutieuse des impacts à court et à long terme, ainsi qu'une prise en compte équilibrée des préoccupations sociales, économiques et culturelles impliquées.

L'exemple de Dallas et son Plan d'Équité Raciale (REP)

Le Plan d'Équité Raciale de la Ville de Dallas, au Texas, se distingue comme un modèle exemplaire d'initiative visant à promouvoir la justice sociale et l'égalité dans un contexte municipal. Ce plan est une réponse proactive aux défis historiques liés à l'inégalité raciale, reconnaissant la nécessité de mesures concrètes pour surmonter les disparités systémiques et promouvoir une société plus équitable.

Un des aspects remarquables du Plan d'Équité Raciale de Dallas est l'approche globale adoptée à l'égard de divers aspects de la vie urbaine. Il ne se limite pas à des politiques spécifiques, mais vise à aborder différents aspects, de l'accès à l'éducation et à la santé aux opportunités économiques et à la justice pénale. Cette approche globale reflète la compréhension que l'équité raciale n'est pas un problème isolé, mais un réseau interconnecté de défis nécessitant des solutions holistiques.

Le plan se distingue également par son engagement envers la transparence et la responsabilité. En définissant des objectifs mesurables et en rendant régulièrement compte de ses progrès, la ville de Dallas démontre une approche fondée sur des preuves pour évaluer l'impact des politiques mises en œuvre. Cet accent sur la reddition de comptes renforce non seulement la confiance de la communauté, mais fournit également une base solide pour ajuster les stratégies et les politiques à mesure que la situation évolue.

Un autre point saillant est l'accent mis sur la participation de la communauté. Le plan a été élaboré sur la base de contributions significatives de leaders communautaires, d'activistes et de citoyens locaux. Cette approche ascendante garantit que les politiques soient sensibles aux besoins spécifiques de la population affectée et que les solutions proposées s'alignent de manière plus précise avec les réalités vécues par les communautés de Dallas, qui sont ethniquement diverses.

L'éducation est l'un des piliers centraux du Plan d'Équité Raciale. En dirigeant les investissements pour améliorer la qualité des écoles dans les communautés historiquement marginalisées, la ville s'efforce d'éliminer les disparités éducatives qui perpétuent souvent des cycles d'inégalité. Cela profite non seulement aux générations présentes, mais ouvre la voie à un avenir plus équitable et inclusif.

L'approche de la justice pénale du plan mérite également d'être soulignée. En reconnaissant et en abordant les disparités dans l'application de la loi et dans le système pénitentiaire, Dallas fait face de front à des problèmes qui ont depuis longtemps des impacts disproportionnés sur les communautés de couleur. Les initiatives visant à réformer le système pénal et à promouvoir la réadaptation plutôt que la punition exemplifient un engagement envers la transformation structurelle.

De plus, le Plan d'Équité Raciale démontre une compréhension de l'importance de la diversité à tous les niveaux de gouvernement. Les initiatives visant à accroître la représentation de groupes historiquement sous-représentés dans les postes publics indiquent une compréhension de la nécessité de voix diverses dans la prise de décision pour garantir des politiques plus inclusives.

En résumé, le Plan d'Équité Raciale de la Ville de Dallas, au Texas, sert de phare d'espoir et d'inspiration. Il montre que, même face à des défis complexes et historiques, il est possible de mettre en œuvre des changements significatifs grâce à des politiques publiques abordant de manière globale les questions d'équité raciale. Cet exemple bénéficie non seulement à la communauté locale, mais sert également de modèle pour d'autres villes dans leur propre parcours vers une société plus juste et inclusive.

Chapitre

G

Gouvernance pour la Durabilité

Dans le vaste panorama de la durabilité des entreprises, la lettre "G" dans ESG - Gouvernance - émerge comme la boussole qui guide le cap des organisations sur le chemin d'un avenir durable. Ce chapitre explore le troisième pilier de l'ESG, mettant en lumière l'importance critique de la gouvernance efficace dans le contexte des pratiques corporatives et comment elle est intrinsèquement liée à la recherche d'une gestion responsable et éthique.

La gouvernance, souvent associée aux structures de prise de décision, aux normes éthiques et à la responsabilité corporative, va bien au-delà d'un simple ensemble de règles; c'est le fondement sur lequel repose l'intégrité d'une entreprise. Une bonne gouvernance établit non seulement la direction stratégique, mais nourrit également une culture organisationnelle qui valorise la transparence, la reddition de comptes et l'équité.

Nous explorerons comment la gouvernance d'entreprise transcende la sphère interne, exerçant une influence sur les interactions avec les parties prenantes externes, des actionnaires à la communauté mondiale. La capacité d'une entreprise à équilibrer des intérêts divers, à promouvoir la diversité dans ses structures de leadership et à garantir la conformité aux normes éthiques représente un indicateur fondamental de sa gouvernance efficace.

Tout au long de ce chapitre, nous découvrirons des pratiques innovantes de gouvernance qui ne se contentent pas de répondre aux normes réglementaires, mais dépassent ces limites pour embrasser la responsabilité sociale et environnementale. Nous analyserons comment la gouvernance impacte la gestion des risques, influence les stratégies à long terme et contribue à la création de valeur durable.

La gouvernance réussie n'est pas simplement une case à cocher; c'est un engagement continu envers l'intégrité, l'éthique et la reddition de comptes. En abordant ce chapitre, nous vous invitons à explorer le rôle transformateur de la gouvernance dans la création d'entreprises résilientes, éthiques et socialement responsables. C'est plus qu'un ensemble de directives; c'est la narration qui façonne le destin des organisations dans le voyage ininterrompu vers la durabilité.

Redefinissant la Confiance dans les Entreprises Le Rôle Crucial de la Gouvernance et de l'Éthique dans les Affaires

Dans un monde où la confiance est un actif précieux, les entreprises sont confrontées au défi significatif de redéfinir et de préserver cette confiance dans un environnement commercial marqué par des scandales et des pratiques douteuses. La confiance, une fois perdue, devient une marchandise délicate et difficile à récupérer. Les scandales impliquant des pratiques antiéthiques et une mauvaise gouvernance ont non seulement un impact sur la réputation de l'entreprise directement impliquée, mais sapent également la confiance générale dans le milieu des affaires dans son ensemble.

La reconstruction de cette confiance ébranlée exige une approche proactive qui va au-delà des correctifs superficiels. C'est là que la gouvernance solide et l'éthique dans les affaires émergent comme des piliers fondamentaux pour redéfinir la confiance dans les entreprises. Une gouvernance efficace n'est pas simplement une question de conformité aux réglementations et une déclaration d'engagement envers la transparence, la responsabilité et les valeurs éthiques qui sont à la base d'une entreprise.

En redéfinissant la confiance dans les entreprises, il est impératif que les organisations adoptent des pratiques de gouvernance qui répondent aux attentes réglementaires et vont au-delà, en établissant des normes éthiques élevées. L'éthique dans les affaires n'est pas une option ; c'est un élément essentiel qui imprègne toutes les couches de la culture organisationnelle. Elle se reflète dans la prise de décisions, les relations avec les parties prenantes, le traitement des employés et l'engagement en faveur de pratiques durables.

La gouvernance et l'éthique dans les affaires ne doivent pas être considérées comme un bouclier contre les futurs scandales, mais plutôt comme un moteur d'innovation et de croissance durable. Les entreprises qui incorporent ces principes se positionnent comme des leaders fiables dans leurs secteurs. La confiance est un avantage compétitif tangible.

Les entreprises qui ont redéfini la confiance dans les affaires se sont distinguées par leur conformité aux réglementations, ainsi que par leur leadership proactif dans la promotion d'une culture de l'intégrité. Il existe plusieurs cas d'organisations qui ont transformé les scandales passés en opportunités pour mettre en œuvre des changements significatifs dans leurs pratiques de gouvernance et d'éthique, reconquérant ainsi la confiance perdue et construisant une base solide pour l'avenir. Nous allons donc comprendre comment la gouvernance et l'éthique dans les affaires sont des impératifs moraux et stratégiques pour soutenir et prospérer dans les défis dynamiques du monde des affaires.

La Recherche de la Transparence : Naviguer dans les Eaux de l'Ère Numérique

Dans l'ère numérique, marquée par une interconnectivité profonde et un accès immédiat à l'information, la transparence émerge comme un élément crucial dans la construction et le maintien de la confiance. Le paysage des affaires contemporain témoigne d'une demande croissante de clarté et d'ouverture de la part des consommateurs et des investisseurs modernes. La quête de transparence dépasse la simple divulgation des données ; c'est un engagement envers la visibilité totale sur la façon dont les entreprises opèrent, depuis les processus de prise de décision jusqu'aux pratiques comptables.

La transparence, dans ce contexte, n'est pas une réponse à une pression externe, mais plutôt une stratégie proactive pour construire des relations durables. Les consommateurs, de plus en plus conscients et informés, recherchent des entreprises qui offrent des produits ou des services de qualité, et qui partagent ouvertement leurs pratiques et leurs valeurs. La transparence devient donc un pont pour établir une connexion plus profonde et authentique avec les parties prenantes.

L'ère numérique a facilité la diffusion instantanée de l'information, augmentant la responsabilité des entreprises à maintenir un haut niveau de transparence. La communication rapide et mondialisée permet aux nouvelles, qu'elles soient positives ou négatives, de se propager en quelques minutes. Face à ce paysage, les organisations qui adoptent une approche transparente répondent à une exigence de l'environnement et se positionnent comme des leaders éthiques et fiables.

La transparence ne se limite pas seulement à la divulgation des résultats financiers ; elle englobe des aspects plus larges de la gouvernance d'entreprise, de l'éthique des affaires, des pratiques environnementales et sociales. Les entreprises qui s'engagent envers la transparence sont incitées à partager les succès, les défis et les stratégies pour les surmonter. Cette approche franche crée un dialogue ouvert qui renforce la confiance, même face à des difficultés.

Les entreprises leaders recherchent et mettent en œuvre des pratiques transparentes dans leurs opérations. La transparence n'est pas seulement vue comme une réponse aux demandes externes, mais plutôt comme un outil stratégique pour améliorer la réputation, attirer des investissements responsables et cultiver une base solide de consommateurs fidèles. Nous allons donc comprendre comment, dans l'ère numérique, la transparence est une nécessité vitale pour les entreprises qui cherchent à prospérer dans un environnement commercial de plus en plus conscient et interconnecté.

Prise de Décisions Stratégiques : L'Importance Vitale de la Gouvernance Efficace

Dans la trame complexe de la vie des affaires, la prise de décisions stratégiques émerge comme un champ de bataille où le succès ou l'échec se dessinent. Dans ce contexte dynamique, la gouvernance efficace est un élément essentiel qui agit comme une boussole pour guider les choix cruciaux qui détermineront le destin d'une entreprise. Les entreprises dotées de structures de gouvernance solides respectent les normes réglementaires et se distinguent par leur capacité à relever les défis dynamiques de l'environnement des affaires, en prenant des décisions qui profitent à toutes les parties prenantes, au-delà des actionnaires.

La gouvernance efficace agit comme un gardien de l'intégrité dans les décisions stratégiques, promouvant la transparence et la responsabilité. Elle crée un système de contrôles et d'équilibres qui garantit que les décisions ne sont pas influencées uniquement par des intérêts individuels, mais sont toujours alignées sur la vision à long terme et les valeurs fondamentales de l'entreprise. Une gouvernance solide implique une répartition claire des rôles et responsabilités, garantissant que les décisions soient éclairées, éthiques et orientées vers la durabilité.

La capacité d'une entreprise à prendre des décisions stratégiques éclairées dépend souvent de l'efficacité de ses structures de gouvernance. Les conseils d'administration bien équilibrés, avec une combinaison diversifiée d'expériences et de perspectives, jouent un rôle crucial dans ce processus. La diversité des voix et des expériences enrichit le processus décisionnel et réduit la probabilité de décisions biaisées et à courte vue.

La gouvernance efficace est également intrinsèquement liée à la gestion des risques. Les entreprises qui adoptent une approche proactive pour évaluer et gérer les risques sont mieux préparées à prendre des décisions éclairées face à l'incertitude. En le faisant, elles protègent l'entreprise contre d'éventuelles crises et lui permettent de se positionner stratégiquement pour saisir les opportunités émergentes.

Les entreprises leaders intègrent la gouvernance dans leur processus de prise de décisions stratégiques. De manière agile et réactive, elles se protègent contre les menaces et les rendent capables d'innover et de s'adapter rapidement aux changements du marché, établissant ainsi que la gouvernance n'est pas un obstacle à l'agilité, mais plutôt un catalyseur essentiel qui stimule les décisions déterminantes pour le succès à long terme.

Transparence et Responsabilité : Piliers de la Gouvernance d'Entreprise Responsable

La transparence, loin d'être une simple formalité ou une réponse à la pression publique, se révèle être un phare éclairant les chemins de la responsabilité et de l'accountability dans les pratiques commerciales. Les entreprises qui adoptent une approche transparente dans leur gouvernance respectent les réglementations et les normes, tout en élevant le drapeau de la responsabilité, en construisant des relations solides avec les clients, les employés et les investisseurs.

La transparence, dans ce contexte, dépasse la simple divulgation d'informations ; c'est une déclaration audacieuse d'accountability, la reddition de comptes sur les actions et décisions de l'entreprise. En ouvrant le rideau sur leurs opérations, les entreprises démontrent un engagement à agir de manière éthique, responsable et durable. Cela construit la confiance et établit un terrain fertile pour l'accountability, où l'entreprise est responsable non seulement devant les régulateurs, mais devant toutes les parties prenantes.

L'accountability, dans le contexte de la gouvernance d'entreprise, fait référence à l'obligation qu'une entreprise a de rendre des comptes pour ses actions et décisions. La transparence est l'outil qui rend cette reddition de comptes possible et tangible. Les entreprises qui pratiquent la transparence sont capables de répondre aux questions et aux critiques de manière ouverte, renforçant la confiance dans leur gestion et ouvrant la voie à des améliorations continues.

Cette approche transparente n'est pas seulement bénéfique d'un point de vue moral ; elle a des implications tangibles dans les relations commerciales. Les clients, de plus en plus conscients et informés, apprécient les entreprises qui non seulement fournissent des produits ou des services, mais partagent également leurs valeurs et pratiques. La transparence devient ainsi un avantage compétitif, attirant des consommateurs à la recherche de marques alignées sur des principes éthiques et durables.

La transparence joue également un rôle significatif dans l'attraction et la rétention des talents. Les employés veulent travailler dans des organisations dont les valeurs sont alignées sur les leurs. Les entreprises transparentes communiquent leurs valeurs et montrent comment elles les traduisent en actions tangibles. Cela crée un environnement de travail qui favorise la confiance, l'engagement et le sentiment de but.

La transparence et l'accountability s'entrelacent dans la pratique effective de la gouvernance d'entreprise. Les entreprises qui divulguent des informations et intègrent la transparence comme un principe fondamental dans leurs opérations quotidiennes la comprennent comme une opportunité de construire des fondations solides de confiance et de responsabilité sur leur chemin vers la durabilité.

Culture Éthique : La Racine Profonde de l'Intégrité Commerciale

Dans le voyage vers la durabilité et la responsabilité, l'éthique commerciale n'est pas simplement une formalité à remplir ; c'est une culture à cultiver, une graine plantée profondément dans le sol fertile de la mentalité organisationnelle. Les entreprises éthiques dépassent les obligations, promouvant une mentalité qui valorise l'intégrité, la responsabilité et la transparence à tous les niveaux.

La culture éthique va au-delà des manuels de conduite et des codes d'éthique ; elle fait partie du tissu de l'organisation, influençant la façon dont les employés pensent, décident et agissent. Elle commence en haut, avec des leaders qui ne proclament pas seulement des principes éthiques, mais qui les vivent dans leur comportement quotidien. Un leadership éthique sert de phare, éclairant le chemin vers une culture qui valorise l'honnêteté, la justice et la responsabilité.

Dans les entreprises éthiques, l'intégrité n'est pas négociable. Elle fait partie intégrante des opérations quotidiennes et des relations avec toutes les parties prenantes. Ces organisations ne voient pas l'éthique comme un obstacle aux objectifs commerciaux, mais comme un catalyseur du succès durable à long terme. Elles reconnaissent que, dans un monde de plus en plus interconnecté, la réputation éthique est un actif précieux qui alimente la fidélité client, attire les talents et construit des relations commerciales solides.

Une culture éthique se manifeste également dans la façon dont les entreprises abordent les défis et les crises. Au lieu de chercher des raccourcis antiéthiques pour surmonter les obstacles, les entreprises éthiques font face aux adversités avec une approche transparente et responsable. Cette posture préserve la confiance et renforce encore plus les liens avec les parties prenantes qui valorisent l'honnêteté en temps difficiles.

Les entreprises leaders élaborent des politiques éthiques et les vivent au quotidien, en intégrant l'éthique dans les processus de prise de décision, la gestion des personnes et les relations avec les clients et les partenaires. La culture éthique répond aux défis et devient un avantage concurrentiel et durable. L'éthique commerciale n'est pas seulement un choix moral, mais une stratégie vitale pour construire des organisations résilientes et socialement responsables.

Impact Au-delà des Résultats Financiers : Les Dividendes Inestimables de l'Éthique des Affaires

L'éthique des affaires transcende la simple mise en œuvre de stratégies pour éviter les scandales et les sanctions légales. Elle est une force motrice derrière un impact positif qui va bien au-delà des chiffres dans les rapports financiers. Une culture éthique protège l'intégrité de l'entreprise et façonne un environnement qui influence la satisfaction des employés, la fidélité des clients et la perception positive de la marque.

Dans les entreprises éthiques, les employés ne considèrent pas l'éthique comme une formalité imposée, mais comme un engagement partagé. Une culture éthique nourrit un environnement de travail où les valeurs fondamentales sont respectées, favorisant un sentiment de but et de fierté parmi les collaborateurs. Cela améliore l'engagement et contribue à l'attraction et à la rétention des talents, formant des équipes plus engagées et motivées.

La fidélité des clients, dans un monde où les choix abondent, est souvent acquise par plus que seulement des produits ou services de qualité. Les entreprises qui démontrent une forte éthique des affaires gagnent la confiance de leurs clients. La transparence, la responsabilité sociale et les pratiques commerciales éthiques attirent des consommateurs conscients, les fidélisant en créant une base de clients loyaux qui voient l'entreprise comme plus qu'une entité commerciale, mais comme un partenaire engagé envers des valeurs partagées.

La perception de la marque est façonnée par la façon dont une entreprise se positionne dans le monde, et l'éthique des affaires joue un rôle crucial dans ce processus. Les entreprises éthiques gagnent le respect de la communauté et de la société en général. Cette perception positive se traduit en capital de marque, créant un actif immatériel qui dépasse souvent la valeur des résultats financiers.

De plus, les entreprises éthiques sont mieux préparées à relever les défis de l'environnement commercial en constante évolution. L'intégrité et la responsabilité intégrées dans la culture organisationnelle ne sont pas seulement des valeurs en temps normal, mais sont évidentes dans les décisions difficiles et les moments de crise. Cela préserve la réputation et renforce la résilience de l'entreprise face aux vents turbulents du marché.

Les entreprises leaders vont au-delà des résultats financiers en intégrant l'éthique des affaires dans leur culture. Elles illustrent comment l'éthique devient un moteur pour le succès durable, générant un impact positif sur les employés, les clients et la communauté en général. L'éthique des affaires est une obligation morale et une stratégie essentielle pour créer des organisations qui prospèrent au-delà des mesures financières.

Réflexion Finale

Au-delà de la Gouvernance - Une Invitation à la Transformation Éthique

Alors que nous explorons les subtilités de la gouvernance et de l'éthique des affaires, il est impératif de transcender la vision traditionnelle de ces concepts comme de simples formalités d'entreprise. Une gouvernance efficace et une éthique des affaires ne doivent pas être perçues comme des cases à cocher sur une liste de conformité, mais comme l'épine dorsale d'une transformation profonde et durable.

Une gouvernance solide est la structure qui soutient une entreprise dans son parcours, offrant stabilité et orientation. Cependant, lorsqu'elle est associée à l'éthique, cette structure devient une force motrice de changement positif. La culture éthique est une racine profonde qui nourrit une mentalité organisationnelle engagée envers l'intégrité, la responsabilité et la transparence.

La gouvernance et l'éthique des affaires ne se limitent pas à éviter les scandales et à garantir la conformité légale ; elles génèrent un impact inestimable qui va au-delà des résultats financiers. Les employés qui trouvent un sens dans une culture éthique ne se contentent pas de remplir leurs fonctions, mais contribuent de manière significative aux objectifs de l'entreprise. Les clients qui ont confiance dans l'éthique d'une entreprise ne se contentent pas d'acheter, mais deviennent des ambassadeurs fidèles.

La transformation éthique n'est pas un voyage facile, mais c'est un voyage essentiel. Elle exige un engagement depuis les plus hauts niveaux de leadership jusqu'à chaque employé dans tous les départements. C'est un processus continu d'évaluation, d'apprentissage et d'adaptation. Cependant, les dividendes de cette transformation sont inestimables - une entreprise résiliente, durable et socialement responsable.

Ainsi, alors que nous concluons ce chapitre sur la gouvernance et l'éthique des affaires, je vous invite à considérer non seulement les directives et les réglementations, mais l'essence transformative de ces principes. Réfléchissons à la manière dont la gouvernance et l'éthique peuvent façonner le destin financier d'une entreprise et aussi leur impact durable sur la société et le monde dans lequel nous vivons. Envisageons la gouvernance et l'éthique comme des outils de conformité fondamentaux pour un parcours d'entreprise qui transcende le succès financier, cherchant un héritage d'intégrité et d'impact positif.

Leffondrement Éthique Le Cas Lehman Brothers et l'Ombre de la Cupidité Débridée

L'effondrement de Lehman Brothers en 2008 demeure une cicatrice durable dans le tissu du système financier mondial, servant de cas emblématique de mauvaise gouvernance et de pratiques commerciales malhonnêtes. La banque, autrefois une puissance financière, a succombé à son propre réseau de prêts imprudents et de stratégies trompeuses, déclenchant une vague de conséquences qui a résonné dans le monde entier.

Pendant de nombreuses années, Lehman Brothers a joué un rôle central dans l'octroi de prêts au secteur immobilier, fournissant des quantités substantielles de capital à des personnes cherchant à acquérir des propriétés. Cependant, ce succès apparent était enraciné dans des pratiques de prêt risquées, la banque accordant des montants significatifs sans évaluer soigneusement la capacité des emprunteurs à honorer leurs dettes.

La défaillance éthique de Lehman Brothers est devenue évidente lorsque la crise des prêts hypothécaires à risque a atteint son apogée. Les prêts en attente de la banque dépassaient son capital disponible, la plaçant dans une position dangereuse d'insolvabilité si le marché immobilier subissait une rétraction, comme cela s'est inévitablement produit. Au lieu de faire face à la réalité et de chercher des solutions responsables, Lehman Brothers a choisi un chemin obscur.

Pour dissimuler la situation critique, la banque a eu recours à des accords de rachat. Cette manœuvre impliquait la vente de ses passifs à des banques basées aux îles Caïmans, avec la promesse de les racheter ultérieurement. Essentiellement, Lehman Brothers transférait le fardeau de ses actifs "à risque" pour cacher la véritable ampleur de son exposition. Cette pratique, bien que légalement discutable, illustre un manque évident d'éthique et de transparence.

Le cas de Lehman Brothers met en évidence la cupidité débridée et la recherche imprudente de profits à court terme, au détriment de la stabilité à long terme. Le manque d'une culture éthique et d'une gouvernance responsable a permis à la banque de s'engager dans des pratiques financières risquées, ignorant les avertissements et négligeant les implications éthiques de ses actions.

L'impact de l'effondrement de Lehman Brothers a été dévastateur. Outre les pertes financières significatives, l'événement a déclenché une crise financière mondiale qui a touché des millions de personnes dans le monde entier, entraînant un chômage de masse, des pertes de logement et une profonde méfiance à l'égard des institutions financières.

Le cas de Lehman Brothers sert de sombre rappel de la façon dont le manque d'éthique et une gouvernance défaillante dans une institution financière peuvent avoir des répercussions systémiques. Il souligne la nécessité urgente pour les entreprises d'adopter des pratiques éthiques, la transparence et une gouvernance responsable afin d'éviter non seulement leur propre ruine, mais aussi de préserver la stabilité et la confiance dans le système financier mondial.

PUMA Le Paradigme de la Gouvernance Responsable et Durable

Dans le monde de l'entreprise, où la recherche de profits semble souvent primer sur les considérations éthiques et durables, PUMA se distingue comme un exemple paradigmatique de gouvernance responsable. Cette entreprise, renommée dans l'univers du sportswear, ne se contente pas de mener en matière d'innovation et de design, mais établit également une norme élevée en matière d'intégrité, de transparence et de responsabilité sociale.

Transparence comme Principe Fondamental : PUMA adopte une approche transparente dans ses opérations, fournissant des informations détaillées sur ses pratiques et ses impacts. Les rapports annuels et les divulgations transparentes mettent en évidence non seulement les succès, mais aussi les défis, démontrant un engagement envers la reddition de comptes.

Engagement envers la Durabilité : PUMA se distingue par son intégration de la durabilité dans sa stratégie commerciale. De la chaîne d'approvisionnement à la conception des produits, l'entreprise cherche à réduire son impact environnemental en promouvant des pratiques écologiquement responsables et des innovations durables.

Implication avec les Parties Prenantes : La gouvernance responsable de PUMA ne se limite pas au conseil d'administration, s'étendant à toutes les parties prenantes. L'entreprise favorise un dialogue ouvert avec les employés, les clients, les actionnaires et les communautés locales, veillant à ce que ses actions tiennent compte des diverses perspectives impliquées.

Diversité et Inclusion comme Pilier : PUMA reconnaît l'importance de la diversité et de l'inclusion. Sa main-d'œuvre reflète une variété d'origines et de perspectives, créant un environnement qui célèbre la diversité comme un atout vital pour l'innovation et la croissance durable.

Éthique dans la Chaîne d'Approvisionnement : L'entreprise se distingue par son engagement envers l'éthique dans toute la chaîne d'approvisionnement. Des efforts continus sont déployés pour garantir que les travailleurs à toutes les étapes de la production soient traités équitablement, reçoivent des salaires décents et travaillent dans des conditions sûres.

Innovation pour un Avenir Durable : PUMA ne répond pas seulement aux attentes actuelles, mais anticipe également l'avenir en incorporant l'innovation dans sa vision d'un avenir durable. Des matériaux écologiquement responsables aux conceptions promouvant la durabilité, l'entreprise cherche à mener l'industrie vers des pratiques plus durables.

Responsabilité Sociale et Philanthropie : En plus de ses activités commerciales, PUMA assume une position de responsabilité sociale en s'impliquant dans des initiatives philanthropiques visant à améliorer les communautés et le monde en général. Cela va au-delà de la simple satisfaction des obligations et démontre un engagement sincère envers le bien-être social.

Leadership Engagé et Exemplaire : Le leadership de PUMA joue un rôle crucial dans la promotion d'une culture de gouvernance responsable. Des leaders engagés démontrent des valeurs éthiques, impulsent des initiatives durables et inspirent toute l'organisation à adopter des pratiques alignées sur la responsabilité d'entreprise.

Adaptation au Changement Climatique : Reconnaissant les défis mondiaux du changement climatique, PUMA ajuste ses opérations et plaide en faveur d'actions plus larges pour faire face à ce problème. Cette posture proactive témoigne d'un engagement envers la durabilité à long terme.

Engagement Continu envers l'Amélioration : La gouvernance exemplaire de PUMA n'est pas statique ; c'est un engagement continu envers l'amélioration. L'entreprise évalue régulièrement ses pratiques, ajuste les stratégies au besoin et reste réceptive aux changements dans le paysage mondial.

En résumé, PUMA est une entreprise leader dans l'industrie du sportswear et également un phare de gouvernance responsable. En démontrant que le succès commercial peut coexister harmonieusement avec l'éthique, la transparence et la durabilité, PUMA redéfinit la norme pour ce qui est possible d'atteindre dans le monde de l'entreprise lorsque les valeurs éthiques sont placées au cœur de la gouvernance d'entreprise.

Conclusion
Naviguer vers un Avenir Durable

Alors que nous clôturons notre voyage à travers les pages de "Destination ESG : Sur la Voie de la Durabilité des Entreprises", il est impossible d'ignorer la transformation que nous avons observée, non seulement dans les pratiques commerciales, mais aussi dans l'essence même du tissu corporatif. Ce livre a été une exploration approfondie des complexités et des promesses de l'ESG - Environnemental, Social et Gouvernance - dessinant un chemin clair pour que les entreprises de toutes tailles deviennent des agents de changement positif.

Dans la première partie environnementale, nous avons exploré les défis contemporains auxquels notre planète est confrontée et les stratégies innovantes adoptées par les entreprises conscientes. Des défis climatiques aux pratiques durables, les organisations comprennent désormais que la préservation de l'environnement n'est pas seulement un choix éthique, mais une nécessité vitale pour la prospérité à long terme.

Dans la deuxième partie, nous avons plongé dans les complexités de la responsabilité sociale des entreprises. La diversité, l'inclusion, la responsabilité élargie et la résilience commerciale ont été les piliers qui ont soutenu nos réflexions. Les entreprises qui embrassent la diversité attirent non seulement les talents, mais cultivent également des environnements innovants et résilients.

Enfin, dans la troisième partie, nous avons exploré les domaines de la gouvernance et de l'éthique commerciales. Des entreprises exemplaires, telles que PUMA, sont devenues des phares montrant comment la transparence, l'éthique et la responsabilité peuvent stimuler le succès durable. Nous avons examiné des cas de mauvaise gouvernance, comme l'effondrement de Lehman Brothers, comme des rappels vivants des dangers de s'écarter de ces principes fondamentaux.

"Destination ESG" n'est pas seulement un livre ; c'est une boussole pointant vers une destination commune - un avenir où les entreprises ne sont pas seulement lucratives, mais aussi des agents actifs dans la construction d'un monde plus durable et équitable. À chaque chapitre, nous avons souligné l'importance non seulement de respecter les réglementations, mais aussi d'embrasser la responsabilité intrinsèque d'être une partie intégrante d'une société mondiale interconnectée.

Notre voyage a été rempli de défis, mais aussi d'opportunités de transformation. Les entreprises qui font face aux changements climatiques, embrassent la diversité, promeuvent la transparence et adoptent des pratiques éthiques non seulement survivent - elles prospèrent. Elles deviennent les catalyseurs d'un mouvement plus large vers une mentalité commerciale qui transcende le profit immédiat au profit d'un impact durable.

En fermant ce livre, nous lançons un appel à l'action. Chaque page que nous tournons, chaque concept que nous explorons, est une invitation pour que les entreprises de tous horizons et secteurs embrassent le voyage ESG. Le destin de la durabilité des entreprises est à portée de main, et il est temps de hisser les voiles vers un avenir où les affaires ne sont pas seulement des destinations économiques, mais aussi des destinations d'impact positif.

Le destin ESG se déroule devant nous, et les décisions que nous prenons aujourd'hui façonneront le cours des affaires de demain. Alors que nous prenons congé, gardons à l'esprit un avenir où les entreprises ne sont pas seulement des acteurs économiques, mais aussi des forces catalytiques pour un monde plus durable, socialement juste et éthiquement responsable. C'est notre destin commun. Que chaque entreprise, grande ou petite, accepte le défi de suivre la voie de la durabilité des entreprises - car l'avenir ESG est maintenant, et c'est une destination qui vaut la peine d'être atteinte.

Glossaire

• **ESG** : Environmental, Social, and Governance - un ensemble de critères que les entreprises adoptent pour évaluer leur impact environnemental, social et leurs pratiques de gouvernance.

• **RSE** : Corporate Social Responsibility - Responsabilité Sociale des Entreprises - une approche dans laquelle les entreprises incorporent des préoccupations sociales et environnementales dans leurs opérations et leurs interactions avec les parties prenantes.

• **ISR** : Socially Responsible Investments - Investissements Socialement Responsables - stratégies d'investissement qui prennent en compte non seulement le rendement financier, mais aussi l'impact social et environnemental.

• **Fast Fashion** : un modèle d'affaires dans l'industrie de la mode qui implique la production rapide et abordable de vêtements, entraînant souvent des impacts environnementaux négatifs et des conditions de travail précaires.

• **Governance** : pratiques et structures qui orientent, contrôlent et définissent les directives pour le comportement des entreprises.

• **Diversité et Inclusion** : promouvoir et valoriser la diversité des origines, des expériences et des perspectives, garantissant un environnement inclusif.

• **Transparence** : divulgation ouverte et claire des informations, favorisant la responsabilité et la confiance.

• **Resilience des Entreprises** : capacité d'une entreprise à s'adapter et à se remettre de défis et de crises, tout en maintenant son intégrité et ses opérations.

• **Governance Éthique** : pratiques et normes qui garantissent que les entreprises agissent de manière éthique dans tous les domaines d'activité.

• **Chaîne d'Approvisionnement** : réseau d'organisations et d'activités impliquées dans la création et la livraison d'un produit ou service.

• **Responsabilité Élargie** : élargissement de la portée de la responsabilité des entreprises, incluant les préoccupations sociales et environnementales.

• **Innovation Durable** : développement de nouveaux produits, services ou processus qui répondent aux besoins actuels sans compromettre les générations futures.

• **Culture Organisationnelle** : ensemble de valeurs, de croyances et de comportements qui forment l'identité d'une organisation.

• **Changements Climatiques** : modifications à long terme des schémas climatiques mondiaux, souvent liées aux activités humaines.

• **Accords de Rachat** : transactions financières dans lesquelles une entreprise vend des actifs avec l'engagement de les racheter à une date ultérieure.

• **Mauvaise Gouvernance** : pratiques de gestion et de prise de décision qui nuisent à l'intégrité et aux performances d'une entreprise.

- **Sustenabilité des Entreprises** : intégration de pratiques durables dans les opérations et les stratégies d'une entreprise.

- **Philanthropie des Entreprises** : contributions financières et en ressources à des causes sociales et environnementales de la part des entreprises.

- **Bon Exemple en Governance** : référence aux entreprises qui adoptent des pratiques éthiques, transparentes et responsables dans leur gestion et leurs opérations.

- **Mal Exemple en Governance** : référence aux entreprises qui, par des pratiques anti-éthiques, contribuent aux crises financières et aux dommages à la confiance du public.

- **Impact Environnemental** : effets des activités d'une entreprise sur l'environnement, comprenant les émissions de carbone, l'utilisation des ressources et la pollution.

Épilogue

Mise en Œuvre de l'ESG dans la Pratique

À mesure que concluímos notre voyage à travers "Destination ESG : Sur la voie de la durabilité des entreprises", le défi réside désormais dans l'application pratique des concepts abordés. L'ESG n'est pas seulement un ensemble de principes théoriques ; c'est une boussole qui guide les entreprises vers un avenir plus durable, socialement responsable et éthiquement solide. Voici quelques exercices pratiques pour aider à mettre en œuvre efficacement l'ESG dans les entreprises et les organisations :

1. Évaluation de l'Impact Actuel de l'ESG :

• Conduisez une évaluation complète de l'impact actuel de l'entreprise sur les critères ESG.

• Identifiez les domaines d'amélioration en matière environnementale, sociale et de gouvernance.

• Établissez des indicateurs clés de performance (KPI) spécifiques pour mesurer les progrès.

2. Développement de Politiques ESG :

• Créez des politiques formelles abordant les pratiques environnementales, sociales et de gouvernance.

• Intégrez ces politiques dans les processus opérationnels quotidiens.

• Assurez une communication transparente de ces politiques à toutes les parties prenantes.

3. Engagement des Parties Prenantes :

• Identifiez et impliquez toutes les parties prenantes pertinentes, y compris les employés, les clients, les actionnaires et les communautés locales.

• Créez des canaux de communication pour obtenir des retours d'information et des suggestions.

• Développez des stratégies pour répondre aux attentes et préoccupations des parties prenantes.

4. Intégration de la Durabilité dans la Chaîne d'Approvisionnement :

• Analysez la chaîne d'approvisionnement pour identifier des opportunités d'améliorations durables.

• Établissez des critères ESG pour les fournisseurs et partenaires commerciaux.

• Collaborez avec les fournisseurs pour améliorer la durabilité dans toute la chaîne.

5. Développement de Programmes de Diversité et d'Inclusion :

• Mettez en place des programmes formels de diversité et d'inclusion.

• Offrez une formation régulière sur la diversité aux employés à tous les niveaux.

• Suivez et évaluez la diversité dans les postes de direction.

6. Innovation Durable :

• Créez un environnement favorisant l'innovation durable.

• Encouragez les collaborations internes et externes pour stimuler la recherche et le développement durables.

• Reconnaissez et récompensez les idées innovantes axées sur la durabilité.

7. Éducation et Sensibilisation :

• Mettez en place des programmes éducatifs sur l'ESG pour les employés à tous les niveaux.

• Organisez des événements et des campagnes pour sensibiliser aux questions ESG.

• Promouvez une culture organisationnelle valorisant la responsabilité sociale et environnementale.

8. Audits ESG Réguliers :

• Réalisez des audits réguliers pour évaluer la conformité aux pratiques ESG.

• Effectuez des révisions indépendantes pour garantir l'intégrité des rapports ESG.

• Utilisez les résultats de ces audits pour ajuster les stratégies et politiques.

9. Établissement d'Objectifs et Engagements Publics :

• Établissez des objectifs mesurables et atteignables pour améliorer les performances ESG.

• Communiquez ces objectifs publiquement pour promouvoir la transparence.

• Révisez et ajustez régulièrement les objectifs à mesure que l'entreprise évolue.

10. Évaluation Continue et Amélioration :

• Mettez en place un système continu d'évaluation et d'amélioration.

• Soyez prêt à vous adapter aux changements dans les attentes des parties prenantes et les normes de l'industrie.

• Célébrez les succès et utilisez les défis comme des opportunités d'apprentissage et d'innovation.

En incorporant ces exercices pratiques, les entreprises peuvent non seulement adopter les principes de l'ESG, mais aussi créer une culture organisationnelle résiliente, responsable et durable. Le destin ESG est à portée de main, et la mise en œuvre efficace de ces pratiques non seulement trace la voie pour une entreprise, mais contribue à un impact positif durable sur la société et l'environnement.